L'HOMME ROUGE

PAR

ERNEST CAPENDU

auteur de

Marcof le Malouin, Mademoiselle la Ruine, le Pré Catelan, etc., etc.

II

PARIS
L. DE POTTER, LIBRAIRE-ÉDITEUR
RUE FONTAINE MOLIÈRE, 27.

L'HOMME ROUGE

NOUVEAUTÉS EN LECTURE

DANS TOUS LES CABINETS LITTÉRAIRES.

L'Homme rouge, par Ernest Capendu, 5 vol. in-8.
L'Ame et l'ombre d'un Navire, par G. de La Landelle, 5 v. in-8.
Le Serment des quatre valets, roman historique, par le vicomte Ponson du Terrail. 7 vol. in-8.
Le Nain du Diable, par la comtesse Dash. 4 vol. in-8.
Le Ménage Lambert, par A. de Gondrecourt. 2 vol. in-8.
Fleurette la Bouquetière, par Eugène Scribe. 6 vol. in-8.
Le Parc aux Biches, par Xavier de Montépin. 6 vol. in-8.
La Maitresse du Proscrit, par Emmanuel Gonzalès. 4 vol. in-8.
Les Étudiants de Heidelberg, histoire du siècle de Louis XIV, par le vicomte Ponson du Terrail. 7 vol. in-8.
Les Mystères de la Conscience, par Étienne Enault. 4 vol. in-8.
Les Gandins, par le vicomte Ponson du Terrail. 6 v. in-8.
L'Homme des Bois, par Élie Berthet. 6 vol. in-8.
Les trois Fiancées, par Emmanuel Gonzalès. 3 vol. in-8.
Les Marionnettes du Diable, par X. de Montépin, 6 vol. in-8.
Le Diamant du Commandeur, par Ponson du Terrail. 4 vol.
Le Douanier de mer, par Élie Berthet, 5 vol. in-8.
Mlle Colombe Rigolboche, par Maximilien Perrin. 4 vol. in-8.
Morte et Vivante, par Henry de Kock. 3 vol. in-8.
Daniel le laboureur, par Clémence Robert. 4 vol. in-8.
Les grands danseurs du roi, par Ch. Rabou. 3 vol. in-8.
Le Pays des Amours, par Maximilien Perrin. 3 vol. in-8.
La Jeunesse du roi Henri, par Ponson du Terrail. 6 vol. in-8.
L'Amour au Bivouac, par A. de Gondrecourt. 5 vol. in-8.
Les Princes de Maquenoise, par H. de Saint-Georges, 6 v. in-8.
Le Cordonnier de la rue de la Lune, par Théod. Anne. 4 v. in-8.
La Belle aux yeux d'or, par la comtesse Dash, 3 vol. in-8.
La Revanche de Baccarat, par Ponson du Terrail, 6 vol. in-8.
Le Roi des gueux, par Paul Féval, 6 vol. in-8.
Une Femme à trois visages, par Ch. Paul de Kock, 6 vol. in-8.
Une Existence Parisienne, par Mme de Bawr, 3 vol. in-8.
Les Yeux de ma tante, par Eugène Scribe. 6 vol. in-8.
Les Exploits de Rocambole, par Ponson du Terrail. 8 vol. in-8.
Le Bonhomme Nock, par A. de Gondrecourt. 6 vol. in-8.
Le Vagabond, par E. Enault et L. Judicis. 4 vol. in-8.
Les Ruines de Paris, par Charles Monselet. 4 vol. in-8.
Les Viveurs de Province, par Xavier de Montépin. 6 vol. in-8.
Les Coureurs d'Amourettes, par Maximilien Perrin. 3 vol. in-8.
La dame au gant noir, par Ponson du Terrail. 8 vol. in-8.
Les Émigrants, par Élie Berthet. 5 vol. in-8.
Les Cheveux de la reine, par madame la comtesse Dash 3 vol. in-8.
La Rose Blanche, par Auguste Maquet, 3 vol. in-8.
La Maison Rose, par Xavier de Montépin, 6 vol. in-8.
Le club des Valets de Cœur, par Ponson du Terrail, 8 vol. in-8.
Monsieur Cherami, par Ch. Paul de Kock, 5 vol. in-8.
L'Envers et l'Endroit, par Auguste Maquet. 4 vol. in-8.
Le Prix du sang, par A. de Gondrecourt. 5 vol. in-8.
Nena-Sahib, par Clémence Robert. 3 vol. in-8.
La Reine de Paris, par Théodore Anne. 3 vol. in-8.
Un ami de ma femme, par Maximilien Perrin. 3 vol. in-8.
La Maison Mystérieuse, par mad. la comtesse Dash, 4 vol. in-8.
Pour la suite des Nouveautés, demander le Catalogue général qui se distribue gratis.

Paris. — Imprimerie de P.-C. Boudier et Cie, rue Mazarine, 30.

L'HOMME ROUGE

PAR

ERNEST CAPENDU

auteur de

Marcof le Malouin, Mademoiselle la Ruine, le Pré Catelan, etc., etc.

II

PARIS

L. DE POTTER, LIBRAIRE-ÉDITEUR

RUE FONTAINE MOLIÈRE, 27

Droits de traduction et de reproduction réservés.

1861

LES
PRINCES DE MAQUENOISE

PAR
H. DE SAINT-GEORGES

auteur de l'*Espion du grand monde*, un *Mariage de prince*, et des œuvres dramatiques suivantes : les *Mousquetaires de la Reine*, le *Val d'Andorre*, la *Reine de Chypre*, la *Fille du régiment*, etc., etc.

Les *Princes de Maquenoise* ont produit une grande impression à leur apparition.

Cette impression est dûe non-seulement au mérite de ce livre et au nom de l'auteur, mais à ce qu'on y retrouve les brillantes qualités des meilleures productions de M. de Balzac.

Originalité puissante du sujet, observation merveilleuse du cœur humain et de la vie sociale, de la vie de Paris, surtout ; cette tendre et religieuse philosophie de l'âme qui touche parfois aux idées les plus élevées, et explique la popularité si générale, si européenne des romans de Balzac, voilà ce qui existe à un degré très-éminent dans les *Princes de Maquenoise*.

Quant à la partie théâtrale et saisissante du drame, on peut s'en rapporter à M. de Saint-Georges, l'auteur de tant d'ouvrages dramatiques qui depuis quinze années font la fortune de tous les théâtres de notre capitale et des pays étrangers.

Un auteur d'une grande valeur, Mme Ch..... R......, disait en achevant un livre de M. de Saint-Georges : Quand on termine un de ses chapitres on croit toujours voir baisser la toile.

C'est à la fois un grand éloge et une vérité.

LES
MYSTÈRES DE LA CONSCIENCE

PAR
ÉTIENNE ÉNAULT

La conscience est assurément le plus étrange et le plus terrible attribut de l'âme humaine. Le roman et le théâtre l'ont déjà étudiée en ses diverses manifestations. Mais, nous osons le dire, jamais ses mystères n'ont été aussi savamment approfondis que dans l'œuvre dont nous signalons ici la publication.

Presque toutes les fois qu'on a dramatisé le remords, on a mis en scène des assassins n'inspirant que terreur ou dégoût et fatalement marqués pour l'échafaud. Tôt ou tard la loi intervient, les coupables sont punis, en sorte que la justice de Dieu, n'est, en réalité, que la justice des hommes. Conclusion salutaire mais incomplète. Dans LES MYSTÈRES DE LA CONSCIENCE, M. Étienne Énault a voulu dégager le principe divin de toute appréhension causée par le code criminel et donner ainsi au remords son caractère le plus saisissant et le plus moral. Il a fait de Maxime Tréhouart une sorte d'ange rebelle, dont le forfait n'est point irréparable, mais qui a résolu de dompter sa conscience. Dans une lutte acharnée le titan est vaincu, et son repentir amène sa rédemption. Ici, tout est indépendant de la vindicte sociale. Dieu seul est le justicier : ce qui prouve que rien n'échappe à sa loi souveraine, éternelle.

Autour du personnage principal, dessiné avec une vigueur peu commune, se groupent des types variés, odieux ou charmants, qui rappellent l'énergie de Balzac et la grâce de George Sand. Quant au style, nous croyons qu'aucun ouvrage dramatique n'est écrit avec plus de force, d'élégance et de pureté.

CHAPITRE PREMIER.

1

L'insurrection.

Avec cette rapidité d'intuition et cette infaillibilité de coup d'œil sans lesquels il n'y a pas de grand chef politique possible, le colonel comprit ce qui se passait autour de lui.

Aussi, s'élançant sur une table et faisant un geste pour réclamer ce premier moment de silence que le peuple accorde toujours lorsqu'il est surpris, il s'écria avec une extrême véhémence :

« Braves Navarrais, me connaissez-vous ? Je suis Zumala-Carregui, votre compatriote !

— Oui ! oui ! Vive le colonel ! s'écrièrent les mendiants en se pressant autour de la table qui servait de tribune et de piédestal à l'orateur.

— Avez-vous confiance en moi? continua Zumala-Carregui.

— Oui! oui! » répondit-on encore.

Zumala-Carregui était né pour dominer les masses.

Sa physionomie expressive, son geste hardi, son œil fixe et assuré imposaient au peuple, tandis que sa parole vibrante, éloquente parfois, mais toujours nette et précise, pénétrait dans les esprits et les entraînait en les électrisant.

Il était réellement beau à voir, monté sur cette table, entouré d'une foule déguenillée, étendant les bras en signe de commandement, le regard étincelant, la chevelure rejetée en arrière, la voix éclatante et le geste dominateur.

Debout près du colonel, les traits contractés et la physionomie empreinte d'une anxiété fiévreuse, et cependant d'une résolution farouche, Fernando complétait bien ce tableau éminemment saisissant pour un peuple qui, comme le peuple espagnol, est surtout enclin à admirer tout ce qui a l'aspect théâtral.

Zumala profita habilement de l'effet produit par cette heureuse mise en scène.

« Ce jeune homme, s'écria-t-il en désignant Fernando, est venu réclamer mon appui pour l'aider à sauver son père en m'affirmant qu'il pouvait compter sur votre concours. J'ai eu foi en ses paroles, je suis venu. Ai-je bien fait? »

Un tonnerre d'exclamations affirmatives partit de tous côtés.

« Mais, continua Zumala-Carregui, avez-vous réfléchi à quoi allait vous entraîner ce noble élan de générosité et de courage? Le père de cet enfant est un soldat carliste; c'est un Navarrais, il est vrai; il a combattu pour le maintien des droits de la province; mais il n'en est pas moins rebelle, et, en tentant de le délivrer, vous devenez rebelles vous-mêmes.

— Les rebelles ne sont pas dans nos rangs ; ils sont parmi les soldats de la Régente ! répondit Mochuelo placé à l'entrée de la salle.

— D'ailleurs ! s'écria l'un des étudiants qui s'était approché de Fernando, que nous importe la rébellion ? Nous voulons sauver un innocent du supplice.

— Oui ! oui ! hurla la foule.

— Un ami de Santos-Ladron ! s'écria une voix.

— Que nous arracherons aussi à ses bourreaux ! dit Simon de La Torre, qui, voyant que le colonel avait changé d'avis relativement à l'étudiant depuis le refus qu'il avait fait de le servir en présence d'Ignacio et de Merino, s'efforçait de ramener les esprits dans la nouvelle voie tracée.

— Navarrais ! reprit Zumala-Carrequi en élevant encore la voix, la Guipuzcoa et le pays basque ont refusé de reconnaître le gouvernement de l'Infante, et ont proclamé Charles V notre souverain légitime. Quarante mille combattants sont en armes dans l'Alava et dans la Vieille-Castille. L'Aragon est prêt à se soulever. La Navarre restera-t-elle inactive ? Refuserez-vous de vous joindre à vos frères ? Espagnols, on veut détruire les gouvernements particuliers de vos provinces, on veut amoindre vos libertés, on veut changer la face du pays, le souffrirez-vous?

— Non! non! s'écria-t-on avec énergie.

— Vive Charles V! crièrent quelques voix.

— Vive Charles V! » répéta la foule.

Les choses, on le voit, marchaient rapidement.

Zumala reprit :

« Je suis général en chef des troupes du roi, me reconnaissez-vous pour tel ?

— Oui! oui! oui!... Vive le général!

— Alors vous m'obéirez?

— Oui! oui!

— Et, après avoir délivré les prisonniers, vous me suivrez à mon quartier général?

— Nous vous suivrons! A bas la Régente! Vive Charles V! »

à son comble

Les paroles de Zumala-Carrégui venaient tout simplement de proclamer la guerre civile, et la guerre civile, ce fléau d'un pays, est pour certaine classe de chaque nation, toujours prête à profiter des calamités publiques, l'équivalent de ce qu'était l'âge d'or pour les peuplades antiques

Les mendiants de Pampelune, disposés à s'armer en faveur de don Carlos, se fussent probablement montrés tout aussi favorables au parti d'Isabelle si l'oncle eût été sur le trône et la nièce une occasion de révolte.

Zumala-Carregui ne s'illusionnait pas

sur ce dévouement apparent; mais peu lui importait.

Son but était d'enlever Antonio Urdova des cachots de la citadelle, et ce but, grâce aux auxiliaires que lui donnait l'amour du désordre, il était près de l'atteindre.

Aussi, sans perdre un instant, songeat il à organiser l'attaque.

« Mes amis, dit-il, notre première œuvre sera agréable à Dieu puisque nous allons sauver des innocents ; aussi, je ne doute nullement du succès. Vous allez vous séparer en trois bandes : Simon de La Torre comandera la première, Mochuelo la seconde, et ce brave étudiant la troisième. Pour moi, je serai avec vous tous, partout où vous aurez besoin de moi. Séparez-vous vous-mêmes, comme bon vous l'entendrez. Pendant ce temps, je vais tenir conseil avec vos trois chefs.

« Vive le général ! » crièrent les mendiants, qui s'empressèrent d'obéir.

Et tandis que ces hommes se groupaient silencieusement dans la rue, suivant leur goût et leurs sympathies, Zumala, sautant à terre, appelait du geste, auprès de lui, les trois hommes qu'il venait de désigner pour commander sous ses ordres.

Tous quatre s'isolèrent dans un coin de la salle.

CHAPITRE DEUXIÈME.

II

L'insurrection (suite).

Fernando saisit les mains du colonel et les serra chaleureusement dans les siennes.

« Je vous devrai tout, lui dit-il. Désormais, je suis à vous corps et âme. »

Zumala le regarda fixement.

« Pensez-vous réellement ce que vous dites ?

— Oui! répondit nettement l'étudiant.

— Eh bien! dans deux jours, je mettrai à une rude épreuve ce dévouement que vous me promettez.

— Il ne vous faillira pas!

— Je l'espère ; mais, jusque-là, donnez-moi ce médaillon que je vous ai rendu et laissez-moi le garder.

— Tout hors cela! dit Fernando; je ne puis me séparer de ce bijou.

— Pourquoi?

— Je vous l'ai dit chez vous, colonel, et, je vous le répète, j'ai fait serment entre les mains de mon père, et sur ma vie éternelle, de le porter toujours sur moi.

— Et c'est Antonio Urdova, votre père, qui vous a fait faire ce serment.

— Encore une fois, oui!

— Ignorez-vous la cause de cet acte? Répondez-moi sincèrement.

— Je l'ignore !

— Allons ! bien décidément il faut sauver cet homme, murmura Zumala-Carregui, sinon je ne saurai rien et pourtant, mon Dieu, il faut que je sache ! »

Puis s'adressant de nouveau à l'étudiant.

« Quoi qu'il arrive, vous me suivrez cette nuit ?

— Je vous le jure. »

Toute cette conversation avait eu lieu à voix basse, tandis que Simon de La Torre et son compagnon se tenaient à distance.

Sur un nouveau signe du colonel ils s'approchèrent et alors Zumala-Carregui expliqua à chacun ce qu'il devait faire pour mener à bonne fin la hardie tentative.

Suivant l'avis du colonel, on ne devait agir que quelques instants avant le moment fixé pour le supplice qui devait avoir lieu à quatre heures du matin.

Tenter de s'emparer de vive force de la citadelle défendue par plus de huit cents soldats eût été folie.

On ne pouvait espérer le succès que par une surprise.

L'exécution, suivant la coutume, serait accomplie dans les fossés bordant le bastion de la *Magdalena*, bastion situé du côté opposé au faubourg de *Ro-*

chapea, mais tous deux faisant face à la rivière.

Or la citadelle de Pampelune avait à cette époque et a encore aujourd'hui trois portes principales.

L'une placée entre les deux bastions, sur la rive même de l'*Arga*, les deux autres du côté de la ville.

D'après le programme du cérémonial adopté pour ces lugubres circonstances, les troupes devaient prendre les armes à trois heures et demie du matin et former la haie dans la grande cour faisant face à la rivière, sur le passage des condamnés.

A quatre heures moins un quart, ceux-ci devaient descendre accompagnés de leurs confesseurs.

Arrivés à l'extrémité de la cour, à la petite porte de la poterne communiquant avec l'escalier qui conduisait dans les fossés, le greffier du tribunal devait lire aux malheureux carlistes leur condamnation, et, cette lecture faite en présence du commandant de la citadelle, ils seraient remis aux mains du peloton chargé de l'exécution.

Puis, le triste cortége descendrait dans les fossés et justice sera faite.

D'après une ancienne loi du royaume, les soldats, une fois les prisonniers sous leur garde, devenaient responsables de l'exécution du jugement, et sous peine de mort pour eux-mêmes, ne devaient quitter que des cadavres.

En cas de tentative de fuite, de rébellion, ou d'émeute, leur mission était de poignarder les condamnés s'ils n'avaient le temps de les fusiller.

Une fois remis au fatal peloton, les prisonniers ne pouvaient par conséquent plus être sauvés, car les soldats les eussent écharpés plutôt que de se les laisser enlever.

Donc, le seul instant favorable que pouvaient choisir les libérateurs était celui où les prisonniers traversaient la haie des troupes ; c'est-à-dire qu'il fallait les arracher à la mort sous les yeux mêmes de la garnison.

La chose était sinon impossible, du moins extrêmement périlleuse et fort difficile.

Le point essentiel était de détourner, de partager l'attention des soldats et surtout celle des chefs.

Après que Zumala-Carregui eut exposé en peu de mots les considérations que chacun connaissait, il fut convenu qu'a quatre heures moins un quart, au moment précis où le roulement significatif du tambour annoncerait que les troupes avaient pris les armes pour assister à l'acte sanglant ordonné par le tribunal militaire, et que le cortége était en marche, les deux premières colonnes commandées l'une par Simon de La Torre, l'autre par Mochuelo, attaqueraient avec un grand fracas les deux portes percées du côté de la ville, tandis que la troisième, sous les ordres de

Fernando, s'efforcerait de pénétrer par celle donnant sur la rivière.

Puis, tandis que les soldats, surpris, courraient à la défense de la place, abandonnant ainsi les condamnés qu'ils n'auraient pas eu encore le temps de fusiller, Zumala-Carregui, à la tête d'une douzaine des plus hardis insurgés, escaladerait la muraille du bastion de la Magdelena, sauterait dans la cour intérieure et s'emparerait de ceux que l'on voulait sauver.

En exécutant ce plan assez habilement conçu, mais qui réclamait une exécution hardie et rapide, Simon de La Torre et Mochuelo approuvèrent du geste et de la voix.

Seul, Fernando secoua la tête :

« Je veux, dit-il, être le premier à secourir mon père. J'escaladerai avec vous la muraille.

— Bien, répondit le colonel, nous agirons ensemble. Je donnerai à un autre le commandement de la colonne que vous deviez diriger. »

En ce moment trois mendiants rentrèrent dans la salle et vinrent respecueusement prévenir Zumala-Carregui que tout était prêt.

En effet, grâce à ces chefs qui se révèlent tout à coup et ne manquent jamais au peuple lorsqu'il se soulève, les habitants du faubourg s'étaient formés en trois colonnes fortes chacune de plus de deux cents hommes.

Suivant les instructions données par le colonel, les deux premières s'apprêtèrent à traverser silencieusement la ville et il conduisit lui-même la troisième vers le fleuve.

Trois heures du matin venaient de sonner.

La nuit était obscure et les rues entièrement désertes.

Zumala, Fernando et leurs compagnons gagnèrent rapidement l'Arga et arrivèrent bientôt sous les ouvrages avancés du fort.

La citadelle était sombre et muette.

Rien n'annonçait que la garnison fût sur ses gardes.

Les sentinelles ne pouvaient apercevoir la bande des révoltés, car ceux ci profitant avec soin des moindres mouvements de terrain, se tenaient cachés sous l'ombre protectrice que projetaient les murailles et les tours derrière lesquelles frappaient les rayons blafards de la lune.

Un coup de feu tiré par Mochuelo devait servir de signal d'attaque.

Il fallait au reste que l'opération fût lestement conduite pour être menée à bonne fin, car les mendiants n'avaient pour toutes armes que leurs couteaux et ils n'eussent pas été en état d'offrir une résistance sérieuse aux soldats bien armés que renfermait la citadelle.

Zumara-Carregui ne se dissimulait

pas les chances néfastes qu'il avait contre lui, mais se fiant à l'élan des assaillants, à leur ardeur, à la surprise que devait causer aux troupes une attaque imprévue et faite en même temps sur trois points différents, il ne désespérait aucunement du succès.

D'ailleurs il agissait sous une influence qui ne lui permettait pas évidemment de discuter froidement le danger qu'il allait affronter.

La révélation d'un secret, secret terrible s'il fallait en juger par l'émotion qui avait assailli l'intrépide colonel, le dominait exclusivement, et en ce moment même il ne voyait qu'une chose, il ne voulait atteindre qu'un but : sauver Antonio Urdova pour apprendre de lu dans quelles circonstances il avait remis aussi solennellement à son fils le médaillon mystérieux dont l'étudiant ne voulait pas se dessaisir.

En conséquence, il fit choix parmi sa troupe de douze hommes, les plus hardis et les plus déterminés, pour l'accompagner dans l'escalade qu'il allait tenter, ne leur cachant pas, au reste, que la moitié d'entre eux au moins était vouée à une mort certaine.

Ces dispositions prises on attendit dans un religieux silence.

CHAPITRE TROISIÈME

III

L'attaque.

A l'époque où nous faisons remonter ce récit, la justice espagnole n'avait pas encore subi les sages modifications apportées plus tard par la loi de 1835.

Elle avait conservé les usages et les coutumes établis et adoptés par la très-sainte inquisition, au temps où cette institution répressivement barbare florissait dans tout son éclat.

En 1833, c'était encore cette justice qui déshabillait les femmes de mauvaise vie, qui les enduisait de miel, les garnissait de plumes et les envoyait ainsi par les rues sous la conduite du bourreau.

Cette justice qui punissait de mort une

pauvre fille seulement *soupçonnée* d'avoir détruit son enfant dans son germe pour échapper à la honte ;

Cette justice cruelle et implacable qui frappait l'adultère du dernier supplice, qui envoyait aux *présidios* (galères), accoutrés du bonnet et de l'habit des forçats, les jeunes gens accusés d'infractions minimes aux lois établies ;

Cette justice qui perçait d'un fer rouge la langue du blasphémateur, qui laissait pourrir sur la même paille le brigand incurable, l'homme endetté et le pauvre braconnier ;

Cette justice qui faisait passer par les armes ou par la corde le conspirateur politique le plus vulgaire, et qui *massolait* les grands criminels, supplice atroce d'une durée de quelques secondes ;

Cette justice enfin qui, d'autre part, se montrait d'une indulgence encourageante vis-à-vis de certains scélérats privilégiés, pour lesquels s'ouvraient les mines d'Oran et de Puerto-Rico.

La pompe qui présidait à tous ses actes était faite pour frapper les masses populaires.

L'exécution du plus mince criminel ne pouvait avoir lieu sans que l'on entendit le glas funèbre de la cloche et la voix d'une confrérie d'agonisants psalmodiant les dernières litanies et cheminant, bannières jaunes déployées, depuis la prison jusqu'au lieu du supplice.

Ces usages, bien connus de tous et auxquels on ne manquait jamais, devaient puissamment seconder le coup de main tenté par Zumala-Carregui.

En effet, si le roulement des tambours lui apprenait la sortie des soldats, le glas des cloches lui révèlerait l'instant où les prisonniers quitteraient leurs cellules, et les chants des pénitents celui de leur entrée dans la cour.

Le moment où les voix s'élèveraient dans toute leur plénitude était donc celui fixé pour l'attaque.

A cet égard, il ne pouvait donc pas y avoir d'incertitude.

Toutes ces choses avaient été convenues avec Simon de La Torre et avec Mochuelo.

. . . .

Trois heures et demie retentirent à l'horloge de la vieille cathédrale gothique, construite en 1397 par Charles III, roi de Navarre.

L'instant critique approchait.

Fernando, serrant dans sa main violemment fermée le manche d'un long poignard, ne perdait pas du regard l'endroit de la muraille vers lequel il comptait s'élancer.

Une sueur abondante perlait sur son front pâli et tout son corps était agité de mouvements convulsifs.

Son cœur battait à rompre sa poitrine.

Durant ces quelques minutes suprêmes qui précédaient l'approche de l'action, toute sa vie passée se déroula devant ses yeux fixes, à la prunelle largement dilatée.

Il vit son heureuse enfance passée entre les caresses de sa mère, celles de sa jeune sœur et la douce sollicitude de son père.

Puis sa jeunesse lui apparut avec tous ses fatals entraînements.

Il crut entendre résonner à son oreille la parole sévère d'Antonio Urdova châtiant la conduite déréglée du fils insoumis.

Cette scène, scène poignante, effroyable, durant laquelle il contempla d'un œil sec sa mère agenouillée et son père dans le paroxysme d'une colère terrible; cette scène, qui se termina par une malédiction, vint glacer le jeune homme et faire frissonner tout son être.

Un moment il courba le front, comme s'il se fût encore trouvé en face du courroux paternel, mais la conscience du présent lui fit redresser la tête et ses yeux lancèrent une gerbe de flammes en émoussant leurs regards sur ces murailles sombres que le fils repentant brûlait de franchir.

Sa main impatiente labourait avec la pointe du poignard qu'elle étreignait, le tronc noueux d'un vieux chêne auquel Fernando s'était adossé.

Les minutes, qui s'écoulaient lentement, lui paraissaient plus longues que des siècles.

A côté de l'étudiant, l'œil au guet et la bouche légèrement contractée, Zumala-Carregui interrogeait, lui aussi, le morne édifice.

Il remarquait avec un étonnement profond, qui dégénérait peu à peu en vague inquiétude, que rien à l'intérieur de la citadelle ne décelait l'approche de l'heure fatale.

Pas une fenêtre n'était éclairée.

Les grilles de fer qui les garnissaient se confondaient dans l'obscurité intérieure et paraissaient ne plus exister.

Les portes du bâtiment étaient closes.

Pas une sentinelle, contrairement à l'usage et aux règlements, ne veillait sur les glacis.

Deux soldats, seuls, étaient posés devant la porte principale, et c'était d'eux qu'avaient cru devoir se cacher les mendiants lors de leur arrivée au pied de la forteresse.

Cependant l'exécution était fixée pour quatre heures du matin, toute la ville l'avait répété la veille au soir, cette nouvelle était officielle, et trois heures et demie venaient de sonner.

Que signifiait donc ce sommeil de plomb dans lequel paraissait plongée la garnison entière, cette inactivité incroyable, ce silence obstiné?

Le colonel se perdait en conjectures, sans oser communiquer ses impressions et son inquiétude a aucun de ses compagnons, dans la crainte d'amoindrir leur courage.

L'impatience le dévorait.

Le sang affluant au cerveau empourprait son visage, et, de ses dents blanches et aigues, il mordait avec rage l'extrémité de ses longues moustaches.

Sa main tourmentait la crosse d'un pistolet passé à sa ceinture.

Les trois quarts retentirent à leur tour.

Cette fois le colonel, n'y tenant plus, allait se pencher vers Fernando et lui faire part de ses alarmes, lorsque le son lugubre d'une cloche résonna dans la chapelle du fort.

Au même instant, un coup de feu fit gronder les échos dans le silence de la nuit.

Ce coup de feu partait de l'autre coté de la citadelle.

« Le signal! » s'écrièrent les mendiants.

Et se redressant tous spontanément, ils se précipitèrent, en poussant une clameur immense, vers la porte qu'ils devaient attaquer.

« Pas encore ! » hurla le colonel d'une voix éclatante.

Mais il ne fut pas entendu.

Fernando et les hommes qui devaient l'accompagner avaient déjà bondi vers la muraille.

Zumala poussa un rugissement de colère.

« En avant ! s'écria-t-il, et quoi qu'il arrive, que chacun fasse son devoir ! »

Fernando avait traversé le fossé et, s'accrochant aux aspérités de la muraille, il grimpait avec l'agilité d'un lézard.

Un bruit de voix confus arriva sourdement aux oreilles de tous et apprit aux assaillants que leurs compagnons attaquaient à leur tour.

Les mendiants s'étaient rués sur la porte, s'attendant à trouver une résistance énergique.

Il n'en fut rien.

La porte céda sous le premier effort et s'ouvrit sous la pression des assaillants.

Cette facilité inattendue frappa de stupeur la foule, qui recula sans se rendre compte du sentiment qui l'agitait.

Mais, les derniers rangs poussant les premiers, ceux-ci s'avancèrent dans la cour intérieure.

Cette cour était complètement déserte.

La citadelle semblait être inhabitée.

Fernando, suivi de près par le colonel et ses hommes, avait atteint le sommet du mur et s'élançait de l'autre côté.

« Garde à vous, mes amis ! s'écria Zumala-Carregui, ce silence cache une ruse. »

Il n'avait pas achevé, que les bandes commandées par Simon de La Torre et Mochuelo arrivaient se joindre, dans la grande cour, à leurs compagnons.

De leur côté, non plus, ils n'avaient rencontré aucune résistance.

Une sorte de plate-forme, formant corridor autour du corps des bâtiments, avait permis cette jonction rapide.

Les mendiants, stupéfaits, inquiets, s'attendant à quelque événement terrible qu'ils ne pouvaient prévoir, se serraient les uns contre les autres, n'osant ni avancer ni reculer.

Cet état de choses dura à peine quelques minutes.

Un cri horrible, déchirant, empreint d'une douleur effrayante, partit d'un angle du bastion.

Zumala-Carregui et Mochuelo se précipitèrent.

Fernando, les yeux démesurément ouverts, la bouche sans voix, les mains crispées, désignait du geste une masse confuse gisant au pied même de la muraille.

« Mon père! vengeance! » s'écria enfin l'étudiant.

Il voulut faire un pas en avant, mais il chancela et roula inanimé sur le sól, près de trois cadavres amoncelés les uns sur les autres.

Ces cadavres, que dans le premier moment personne n'avait aperçus, cachés qu'ils étaient dans l'ombre, étaient étendus la face tournée vers la terre et nageaient dans une mare de sang.

Ces corps étaient ceux de Santos-Ladron, d'Irribaren et d'Antonio Urdova.

Zumala se pencha vers eux et les toucha de la main : tous trois étaient raides et froids.

« Il y a plus d'une heure que ces hommes ont été fusillés, dit-il. Nous avons été trahis.

— Vengeance ! » hurla la foule, ranimée par la vue du sang.

Les mendiants se tournèrent, menaçants, vers la citadelle.

Mais ils reculèrent devant le spectacle qui s'offrit à eux.

Les mantelets des fenêtres venaient de s'écarter, et une double rangée de fusils apparut sur toute la façade du fort.

— Sauve qui peut! s'écrièrent les mendiants.

— Feu! » répondit une voix partie de l'intérieur de la citadelle.

Une effroyable détonation retentit; des éclairs rapides coururent sur les murailles noires, et une fumée blanchâtre enveloppa le bâtiment dans un nuage opaque aux ondulations capricieuses.

Les assaillants, auxquels les balles qui sifflaient à leurs oreilles donnaient une agilité merveilleuse, se précipitèrent abandonnant les morts et les blessés sur le champ de bataille.

En un clin d'œil la cour fut évacuée.

Sur l'ordre de Zumala, Mochuelo avait pris dans ses bras le corps inanimé de l'étudiant, et, l'un des premiers, s'était élancé vers la porte.

La détonation, les cris, le tumulte firent revenir promptement Fernando à lui.

Repoussant le soldat, il bondit à terre.

« Mon père!... vengeance! » répéta-t-il en voulant retourner vers la citadelle, hors de l'enceinte de laquelle il se trouvait.

Mais il fut saisi par une main de fer, et Zumala l'entraîna malgré lui.

Au moment où ils atteignaient la *plaza*

de Abajo, un homme conduisant deux chevaux par la bride se présenta à eux.

« Ignacio ! dit le colonel avec étonnement.

— Moi-même, répondit don Ignacio.

— Je vous croyais sur la route du val d'Araquil.

— J'ai deviné que vous alliez courir un danger, je suis resté pour vous préparer des moyens de fuite. Prenez ces chevaux et partez par la porte de la

Rioja. Les gardiens sont dévoués à notre cause et ils ont reçu mes ordres.

— En selle! dit Zumala-Carregui à Fernando et en s'élançant sur l'un des coursiers.

— Partir sans vengeance! s'écria l'étudiant. Jamais! Je reste!

— Eh! fit Ignacio, vous vous vengerez bien mieux en quittant Pampelune. La guerre va s'organiser contre les bourreaux de votre père, et, si vous consentez à fuir avec le colonel, je vous apprendrai, moi, le nom de celui qui a été doublement la cause de la mort d'Antonio Urdova. »

Pour toute réponse, Fernando sauta sur le cheval libre.

« Le nom de cet homme? dit-il brusquement.

— Celui qui vous a fait orphelin, dit Ignacio en accentuant énergiquement chacune de ses paroles, comme s'il eût voulu qu'elles pénétrassent profondément dans l'âme du jeune homme, c'est l'officier qui a réclamé d'abord la condamnation immédiate des trois accusés; c'est le commandant de la citadelle ; c'est celui qui, averti du complot de cette nuit, a fait avancer l'exécution d'une heure : c'est don Ramero y Puelès !

— Ah ! s'écria Fernando avec une expression de rage effrayante, cet homme est cause que mon père est mort sans avoir retiré la malédiction qu'il a lancée sur moi! Je suis un enfant maudit, je serai un vengeur implacable. Ramero y Puelès, malheur à toi et aux tiens ! »

Et, enfonçant les éperons dans le ventre de sa monture, qui bondit en avant, l'étudiant s'élança à la suite du colonel.

Tous deux disparurent rapidement.

« Si celui-là ne nous est pas dévoué, murmura Ignacio avec un froid sourire, je ne sais plus sur qui on pourra compter. Allons, le baptême du sang vient d'être donné à l'insurrection dans les villes ! J'ai dans l'idée que cette petite échauffourée sera d'un bon augure et qu'elle nous vaudra des soldats de plus dans nos rangs. Bien décidément, ce curé Merino est un homme d'une intelligence réelle, et nous sommes faits pour nous entendre, comme il le dit lui-même. »

Les yeux d'Ignacio, fixés vers la terre, rencontrèrent, comme il achevait ces mots, une ombre qui se projetait jusqu'à lui.

Cette ombre, toute en longueur, était causée par le corps de Mochuelo, qui venait de déboucher sur la place.

« Eh bien! dit Ignacio, combien de morts?

— Environ une trentaine, répondit le soldat mendiant avec insouciance.

— Misère! fit don Ignacio ; ces soldats tirent donc bien mal? Enfin que disent les mendiants?

— Ils sont furieux.

— Bravo !

— Ils veulent du sang en expiation de celui de leurs frères.

— Ils en auront !

— Ils ne songent plus qu'à chercher des armes et à sortir de la ville pour organiser des *guerrillas,* ainsi que je le leur ai ingénieusement proposé.

— Où est Simon de La Torre?

— Il vient de quitter Pampelune avec une colonne des plus impatients.

— Bon! Tu vas retourner vers les autres, les presser, les chauffer et les diriger vers le val d'Araquil. Tu leur diras qu'ils trouveront là tout ce qu'il faut pour combattre.

— Oui, senor.

— Mais hâte-toi, il est temps!

— J'y cours.

— Ah! dis-moi, reprit don Ignacio en changeant de ton et en arrêtant le soldat, qui allait s'élancer : ce brave

José, qui nous a si merveilleusement servis, qu'est-il devenu?

— Je ne sais trop, mais je crois qu'il est mort.

— Bah! tu crois?

— Oui, senor.

— Tu n'en es pas sûr? »

Au lieu de répondre, Mochuelo tira son long couteau et en examina la lame.

Cette lame, longue d'environ huit pouces, était rougie aux deux tiers, et le sang perlait encore en gouttelettes à l'extrémité.

« Je vois maintenant que je puis en être sûr, répondit-il en relevant la tête avec effronterie.

— C'est donc toi qui l'as tué? demanda Ignacio sans paraître avoir la moindre intention de blâmer son compagnon.

— Mon Dieu! ce n'est pas précisément ma faute. A vrai dire même, c'est la sienne, si son dos s'est trouvé en contact avec mon couteau.

— Comment cela ?

— Voici la chose en deux mots : au moment où nous quittions la cour de la citadelle, il y avait un peu de confusion à cause des balles que ces bandits faisaient siffler autour de nous. Je me trouvais pressé dans la foule, José marchait devant moi. J'avais naturellement mon couteau ouvert à la main, la pointe en avant, et, à l'instant où je m'y attendais le moins, mon malheureux ami recula subitement. Moi, j'étais poussé par le flot, de sorte qu'il résulta, de ces mouvements contraires, que la lame de mon couteau pénétra dans le dos de mon pauvre compagnon, et, par suite d'une fatalité incalculable, elle s'enfonça juste à la hauteur du cœur. Quand je m'aperçus de la chose, le mal était fait. Mais, comme j'avais l'honneur de le dire à Votre Seigneurie, c'est plus la faute de José que la mienne; car enfin, s'il n'avait pas stupidement fait un pas en arrière, ce petit accident ne lui serait pas arrivé.

— C'est juste, dit Ignacio en souriant. Au reste, nous avions confié ce soir des choses assez importantes à ce malheureux, et, par le temps qui court, il ne faut jamais laisser un secret derrière soi.

— C'est mon avis, et cette réflexion évidemment raisonnable fait ma seule consolation, répondit Mochuelo en essuyant tranquillement la lame ensanglantée sur le pan de son manteau. Votre Seigneurie a-t-elle quelque autre chose à me confier ou à m'ordonner?

— Non.

— Alors je lui demanderai humblement la permission de me retirer, car je suppose que le séjour de Pampelune commence à ne pas être pour moi d'une parfaite sécurité.

— Va rejoindre tes amis, et, après les avoir conduits où tu sais, fais un choix, parmi eux, des hommes les plus braves et les plus hardis : j'en aurai besoin sous peu. »

Mochuelo s'inclina, et, s'enveloppant dans sa cape, il se glissa le long des maisons sous la lueur naissante du jour.

Ignacio traversa la place et disparut à son tour dans une rue voisine.

CHAPITRE PREMIER.

Deuxième Partie.

I

La diligence de Burgos.

« La Castille-Vieille est sans doute ainsi nommée à cause du grand nombre de vieilles qu'on y rencontre, a écrit l'un de nos plus spirituels conteurs, en parlant de cette antique province de la monarchie espagnole. Et quelles vieilles !

» Les sorcières de Macbeth, traversant la bruyère de Dunsinane pour aller préparer leur infernale cuisine, sont de charmantes jeunes filles en comparaison.

» Les abominables mégères des caprices de Goya, que l'on a toujours prises pour des cauchemars et des chimères monstrueuses, ne sont que des portraits d'horrible exactitude.

» La plupart de ces vieilles ont de la barbe comme du fromage moisi et des moustaches comme des grenadiers.

» Et puis, c'est leur accoutrement qu'il faut voir!

» On prendrait un morceau d'étoffe, et l'on travaillerait pendant dix ans à le salir, à le râper, à le trouer, à le rapiécer, à lui faire perdre sa couleur primitive, que l'on n'arriverait pas à cette sublimité du haillon. »

Nous ne saurions être en tous points de l'opinion du charmant écrivain que nous venons de citer.

Sans doute la Castille-Vieille renferme de vieilles femmes, laides et farouches, mais elle est peuplée aussi de jeunes filles jolies et gracieuses.

Sans mériter la réputation de beauté de leurs sœurs de Malaga, de Séville et de Grenade, les femmes de Ségovie, de

Burgos, de Logrono se distinguent par leur tournure élégante, par leur noble fierté, par leur réserve et par les traits de leur figure enfin, qui offre le véritable type espagnol sans mélange de sang étranger ; car la Vieille-Castille est le berceau de la monarchie espagnole.

Ce nom de *Castille*, donné originairement à la province sans l'adjonction de l'épithète qui indique son antiquité et dénote sa priorité sur sa jeune voisine, vient du grand nombre de châteaux (castillos) qui la défendaient jadis des attaques des Mores, et qui étaient la résidence d'une foule de petits princes chrétiens que l'ambition armait souvent les uns contre les autres.

Berceau de l'Espagne, avons-nous dit : et pourtant cette Vieille-Castille, qui cache d'immenses trésors dans les chaînes montagneuses de Molina, d'Oca, de Figueras de Santander, ramifications des Pyrénées; qui possède là du fer, du cuivre, du marbre en quantité prodigieuse; qui voit la fertilité cheminer à travers ses grandes plaines avec les flots rapides du Carrion, du Duero, de l'Ebre, du Tormès et du Jalon; qui n'a qu'un mot à leur dire, un signe à leur faire pour qu'ils triplent ses récoltes; cette province importante, digne assurément d'avoir porté le sceptre des premiers rois nationaux, offre l'image du dénûment, du besoin et de l'indigence.

On se demande si tant de matériaux négligés, si tant de terres en friche accusent l'insouciance des indigènes, la mauvaise qualité du sol ou les torts de l'administration.

Les habitants eux-mêmes semblent porter sur leurs personnes un reflet de la tristesse générale du pays.

Vêtus d'un habit de couleur sévère, à la forme lourde, coiffés d'un énorme chapeau, la démarche lente et solennelle, ils sont silencieux et sombres et ont sur leurs visages rembrunis l'image de l'ennui et de la pauvreté.

Fiers, hautains, peu communicatifs, orgueilleux compatriotes du preux des preux, du vainqueur des Mores, de don Rodrigo de Vivar, *el Cid campeador*, comme le nomment les chroniqueurs, ils sont cependant simples dans leurs mœurs, ingénus dans leurs actions, vrais dans leurs procédés, et sans détours hypocrites.

Obligeants et probes avec noblesse et sans affectation, on peut les appeler à juste titre les bonnes gens de l'Espagne, et à bon droit les plus mauvais travailleurs du monde entier.

Tomar el sol (prendre le soleil), comme ils le disent, fumer huit heures sur douze et dormir le reste du temps, voilà leurs trois occupations principales.

Leur indolence peut lutter avantageusement avec le fatalisme du musulman.

Aussi leur malheureuse province offre-t-elle, dans la plus grande partie de son étendue, le spectacle de l'aridité, de la sauvagerie et de la désolation.

De grandes plaines brûlées et incultes, sans un seul arbre qui en vienne rompre l'uniformité; des montagnes et des collines d'un jaune d'ocre se découpant sèchement sur le ciel; de distance en distance, des villages terreux, bâtis en pisé, la plupart en ruines : tel est le coup d'œil que rencontre le voyageur pendant une longueur de près de soixante lieues, de Burgos à Valladolid.

C'est un véritable désert africain, moins le manque absolu d'eau.

Comme ses pareils, ce désert a néanmoins ses oasis et ses caravanes.

Ses oasis, formés de charmants triangles, ceints de montagnes et abreuvés de sources vives; ses caravanes, composées d'arrieros (voituriers) marchant quelquefois en grand nombre, et de mulateros (muletiers) armés du long fusil qu'ils portent en bandoulière.

Quand la halte a lieu, les chariots,

presque tous à roues pleines, et les bagages sont disposés circulairement ; on allume, au centre, des feux pour la cuisine, puis on laisse bœufs et mules errer en liberté.

La halte finie, en un instant l'attelage se réorganise et chemine.

De temps en temps, el correo real (la poste) de Madrid ou quelques diligences traversent ces plaines de sable en soulevant sous les pieds des mules des tourbillons de poussière comme en emporte le simoûn.

Qui n'a pas vu l'Espagne ne peut avoir l'idée de ce qu'est une diligence espagnole.

Qu'on se figure une voiture extravagante de formes et de couleurs, un véhicule antédiluvien, dont le modèle ne peut se trouver dans aucun autre pays : des roues énormes, évasées, à rayons très-minces, et placées très en arrière de la caisse; cette caisse peinte en rouge à une époque reculée, et dont la ceinture s'en va en écailles à tous les cahots causés par l'abominable état des chemins, ou des tracés prétendus tels.

Un coffre gigantesque aux angles arrondis, ventru comme un tonneau et percé de toutes sortes de fenêtres de formes contournées, et garni à l'intérieur de petits coussins étroits recouverts d'un satin d'une nuance insaisissable, le tout relevé de piqûres et d'agréments en chenille indescriptibles.

La facilité grande avec laquelle on verse sur les routes (car, règle générale, lorsque deux diligences traînées par des mules se rencontrent en se croisant, l'une des deux doit verser), cette facilité, disons-nous, a interdit l'usage des vitres aux portières et aux fenêtres, pour éviter les accidents résultant des verres brisés dans le choc.

L'ensemble de ce carrosse est naïvement suspendu par des cordes, et ficelé aux endroits menaçants par des cordelettes en sparterie.

On ajoute, en tête de cette machine d'un aspect fantastique, une file de mules dont le nombre varie ordinairement de sept à dix.

Ces mules, rasées jusqu'au milieu du corps, sont mi-parties cuir, mi-parties poil, comme ces costumes du moyen-âge qui ont l'air de deux moitiés d'habits différents recousues par hasard.

Ces bêtes, ainsi rasées, ont une étrange mine et paraissent d'une maigreur effrayante, car cette dénudation permet d'étudier à fond leur anatomie ; les os, les muscles et jusqu'aux moindres veines.

Avec leur queue pelée et leurs oreilles pointues, elles ont l'air d'énormes souris.

Il ne faut rien moins que trois hommes, dont les occupations sont incessantes, je vous le jure, pour diriger la marche de cette espèce de monument ambulant.

Le premier, habillé d'une veste d'agneau d'Astrakhan, et d'un pantalon de peau de mouton d'une apparence on ne peut plus moscovite, se nomme le *mayoral* (conducteur).

Assis sur le siége de la voiture, il tient en mains les guides et le fouet.

Le second, le *delantero* (postillon), est surnommé le *condamné à mort*, parce que d'habitude il va du point de départ au point d'arrivé sans désemparer, bridant, attelant, débridant, dételant lui-même sa tête qu'il tient enfourchée à la tête de l'attelage.

Tantôt au trot, mais le plus souvent au galop, c'est lui le patron des mules, c'est à lui que revient la fonction toujours assez périlleuse de chef de file.

Quant au troisième, le *zagal*, dont le titre n'a pas d'équivalent dans notre langue, par la raison que les fonctions qu'il remplit n'en ont pas non plus dans notre pays, c'est une sorte de coureur, de sous-conducteur qui enraye les roues dans les descentes périlleuses, qui surveille les harnais et les ressorts, qui presse les relais et qui, toujours courant dans la poussière, criant, hurlant, frappant tantôt avec colère, tantôt avec gaîté, joue autour de la voiture le rôle de la mouche du coche, mais avec bien plus d'efficacité.

Le costume du *zagal* est charmant,

d'une élégance et d'une légèreté extrêmes.

Il porte un chapeau pointu enjolivé de bandes de velours et de pompons de soie, une veste marron ou tabac avec des dessous de manches et un collet fait de diverses couleurs ordinairement bleu blanc, jaune, rouge, et une grande arabesque épanouie au milieu du dos. Ses culottes sont constellées de boutons de filigrane et ses pieds sont chaussés d'*alpargatas*.

Ajoutez à cela une ceinture rouge et une cravate bariolée et vous aurez une tournure tout à fait caractéristique.

Enfin, pour terminer ce dessin de la diligence espagnole, mentionnons, couchés sur l'impériale de la voiture, deux *escopeteros* armés de leurs *trabucos*.

L'*escopetero* (gendarme), ennemi officiel des voleurs, quand il n'est pas voleur lui-même, est chargé de protéger les voyageurs contre les *rateros* (petits bandits) que la vue édifiante du tromblon suffit à tenir en respect.

Aux détails qui précèdent, le lecteur a deviné sans doute que c'était dans la Castille-Vieille que nous allions le conduire et sur le passage de l'un de ces véhicules fossiles que nous venons d'esquisser.

CHAPITRE DEUXIÈME.

II

Le parador.

Vingt mois environ après les événements qui s'étaient accomplis à Pampelune durant la nuit du 16 au 17 octobre 1833, c'est-à-dire vers les premiers jours du mois de juin 1835, la diligence de Burgos à Madrid entrait avec accompagnement de cris du *zagal* et du *mayoral*, de bruit causé par le piétinement des mules et le claquement du fouet, dans la petite ville de Castillejo, située à l'extrémité sud de la Castille-Vieille sur les rives du Duranton.

Cette fois, à cause de l'état inquiétant dans lequel se trouvaient les provinces, la voiture publique était sous une escorte plus sérieuse que celle des *escopeteros* de service.

Douze cavaliers armés d'espingoles, de pistolets et de grands sabres chevauchaient autour de la caisse roulante.

C'étaient des hommes de haute taille, à figures énergiques, encadrées d'énormes favoris noirs, avec des chapeaux pointus, de larges ceintures rouges, des culottes de velours et des guêtres de cuir, ayant plutôt l'apparence de brigands que de soldats.

En outre la diligence était suivie, à courte distance, par une *galère* contenant une vingtaine de fantassins de l'armée de la Régente.

La *galère* espagnole, qui justifie parfaitement son nom pour les malheureux qu'elle transporte, est une charrette à deux ou quatre roues, sans fond ni plancher.

Un lacis de cordes de roseau forme,

dans la partie inférieure, une espèce de filet remplaçant le fond absent.

Les soldats, leurs fusils en bandoulière, étaient donc obligés de se tenir debout et de s'accrocher des mains aux ridelles pour ne pas tomber les uns sur les autres.

Si l'on songe à la vitesse effrayante avec laquelle roulent les diligences et les galères espagnoles, qui ne font pas moins de cinq lieues de France à l'heure, on conviendra que la situation n'était pas des plus agréables.

Mais la patience des Espagnols à supporter la fatigue et leur sobriété exemplaire sont tellement prodigieuses que ces pauvres soldats, le ventre creux, n'ayant à boire que l'eau échauffée de leur gourde, secoués comme des rats dans une souricière, prenaient gaîment leur mal et riaient à gorge déployée aux chansons de l'un de leurs camarades qui débitait une poésie burlesque en s'accompagnant d'une guitare à trois cordes.

Castillejo est un relais de poste.

Arrivée en face du *parador de las diligencias*, qui méritait la réputation de meilleur hôtel de la ville, peut-être parce qu'il en était le seul, la voiture s'arrêta, et tandis que le zagal et ses aides dételaient les mules, le mayoral ouvrit les portières et invita les voyageurs à descendre pour entrer dans l'auberge où l'on devait souper.

Ces voyageurs étaient au nombre de trois.

Le premier qui sauta lourdement à terre était un homme d'une apparence insignifiante, aux manières sans distinction, à la tournure lourde et épaisse. Il paraissait âgé d'environ cinquante ans.

Le second, de deux ou trois ans seulement plus jeune, était grand, nerveux, maigre plutôt qu'élancé et offrait le type vivant de la roideur castillane unie à la morgue de l'homme qui croit avoir conscience de sa supériorité.

A peine fut-il descendu du carrosse, qu'il se retourna pour tendre la main à une personne qui n'avait pas encore quitté l'intérieur.

Une ravissante apparition répondit à ce muet appel.

Un pied mignon chaussé d'un bas de soie blanc et enfermé dans un petit soulier de satin noir, une tête d'un ovale parfait, encadrée dans les bandeaux noirs d'une chevelure opulente et à demi voilée par les dentelles de la mantille se montrèrent d'abord comme les deux points extrêmes de la demi-courbe formée par le corps se repliant sur lui-même pour passer par l'étroite ouverture de la portière.

Puis une main fine et blanche s'avança pour s'appuyer sur le bras qui lui était offert, et une adorable créature de vingt à vingt-deux ans s'élança, légère et gracieuse, sur le pavé de la rue.

Un vêtement noir, vêtement de deuil sans doute, dessinait les formes pures de ce corps souple et élégant.

Le premier soin de la jolie voyageuse fut d'écarter les plis de la mantille qui lui cachaient le visage et l'empêchaient de jeter un regard sur ce qui l'entourait.

Ce mouvement permit alors d'admirer l'éclat de deux grands yeux bruns, la finesse de sourcils admirablement arqués, la courbe suave du front et la petitesse d'une bouche dont le carmin faisait ressortir encore la blancheur mate du teint général de la figure.

Certes cette jeune femme était séduisante dans toute l'acception entraînante du mot, et cependant il y avait dans l'ensemble de sa personne, dans l'expression de sa physionomie quelque chose qui, du premier coup, inspirait le respect plutôt que le désir, la mélancolie plutôt que l'amour.

En effet, la démarche du corps indiquait une souffrance douloureuse des organes; le front était penché, comme s'il n'eût pu supporter le poids des pensées qui l'opprimaient; les lèvres, faites pour le sourire, étaient sérieuses et les yeux rougis aux paupières fatiguées, accusaient des larmes récemment versées.

La jeune femme prit, sans mot dire, la main de son compagnon et pénétra avec lui dans la salle à manger du parador.

« Avez-vous faim, Inès? demanda le cavalier en la conduisant vers la table toute servie, placée au centre de la pièce.

— Non, répondit la voyageuse.

— Ainsi, vous ne voulez pas plus souper ce soir que vous n'avez dîné ce matin ? »

Inès secoua négativement la tête.

Son compagnon fit un geste d'impatience, mais il se contint, et revenant vers la jeune femme qui s'était assise près d'un brasero :

« Souffrez-vous donc ? demanda-t-il.

— Beaucoup !

— Du corps ?

— Non, mais de l'âme !

— Vous vous laissez trop abattre par le chagrin, ma chère ! »

Inès leva sur son interlocuteur ses grands yeux expressifs :

« Trouvez-vous donc que j'aie tort de

pleurer, après le malheur qui m'a frappée ? dit-elle.

— Je ne prétends pas cela ; mais ce malheur, vous deviez vous y attendre tôt ou tard. N'est-il pas dans l'ordre des choses de ce monde que les enfants survivent à leurs parents?

— Mon père était trop jeune encore pour mourir.

— Il n'y a pas d'âge pour le soldat qui périt pour sa cause, Inès; vous le savez bien. »

Inès avait caché sa jolie tête dans ses mains et étouffait les sanglots qui lui montaient à la gorge.

« Mon pauvre père ! murmura-t-elle enfin en retenant ses larmes, lâchement assassiné ! Oh ! Dieu le vengera !

— Que dites-vous donc ? s'écria violemment le voyageur. Devenez-vous folle ? Votre père n'a pas été lâchement assassiné. Il a été jugé et condamné par....

— Par des infâmes ! interrompit Inès.

Oui, des infâmes! car ils n'ont pas osé faire au grand jour leur acte de prétendue justice !

— Madame, vous oubliez que, par un malheur que je déplore, les juges de votre père sont mes amis politiques, et que celui qui a été contraint par les lois de l'honneur à présider le supplice, don Ramero y Puelès, est mon frère, à moi, votre mari ! »

Au moment où Inès allait répondre,

leur compagnon de route entra précipi-
tamment dans la salle, la mine effarée
et tremblant de tous ses membres.

CHAPITRE TROISIÈME.

III.

Don Horacio.

« Qu'avez-vous donc, senor Alonso ? demanda le mari de la jolie voyageuse en remarquant l'altération du visage de celui qui venait de pénétrer dans la salle. Vous serait-il arrivé malheur?

— Non, non, respectable colonel, répondit le senor Alonso en roulant ses gros yeux inquiets, il ne m'est pas arrivé malheur, mais, certes, nous n'eussions pas échappé à l'horrible catastrophe si je n'avais pas été prévenu à temps. Mon saint patron soit béni!

— De quoi donc avez-vous été prévenu, s'il vous plaît?

— Du danger qui nous menace !

— Quel danger ? »

Au lieu de répondre, Alonso lança autour de lui un regard rapide, puis, prenant le bras de celui auquel il venait de donner le titre de colonel, il l'entraîna vers l'endroit où était assise la jeune femme.

Glissant sa tête entre eux deux avec toutes les allures d'un homme dominé par une crainte mystérieuse:

« Senor, senora, dit-il à voix basse,

nous ne pouvons pas continuer notre route....

— Pourquoi? interrompit le colonel.

— Il faut passer la nuit ici !

— Dans cette auberge ?

— Oui !

— Impossible !

— Mais, colonel....

— Il faut que je sois demain matin à Madrid.

— Eh bien ! nous partirons au lever du soleil.

— Cela me retarderait trop.

— Cependant, senor don Horacio Romero, brave et respectable colonel, cependant.... balbutia Alonso dont la terreur semblait redoubler, je vous répète que nous ne pouvons continuer notre route sans nous exposer volontairement aux plus grands périls.

— Pour Dieu ! s'écria don Horacio avec impatience, expliquez vous nettement ! De quel péril voulez-vous parler ? Quel danger nous menace ? Pourquoi vouloir passer dix heures dans cette ville ?

— Colonel... il fait nuit....

— Je le sais bien ! Après ?

— Le premier relais est à Roblegordo, de l'autre côté des gorges de Somo-Sierra.

— Eh bien ?

— Eh bien... on prétend que les bandes de Cuevillas tiennent la montagne et coupent le chemin de Madrid.

— Qui prétend cela?

— Le mayoral! je viens de le lui entendre dire.

— Le mayoral est un poltron.

— C'est ce que lui répète aussi le zagal, dit le senor Alonso d'une voix piteuse. Je suis arrivé au moment où ils se disputaient devant la porte de l'écurie. L'un veut partir, l'autre veut rester, et comme la sagesse dit : dans le doute, abstiens-toi, je suis de l'avis de demeurer ici cette nuit ; au jour, le danger est moins effrayant.

Horacio Romero haussa les épaules.

« Que pensez-vous de cela, ma chère? demanda-t-il à la jeune femme qui n'avait pas pris la moindre part à la conversation qui venait d'avoir lieu.

— Rien! répondit-elle. Partons, restons, que m'importe!

— Mais songez donc, senora... s'écria Alonso en voyant se déclarer neutre le puissant auxiliaire sur lequel il avait compté pour faire céder le colonel, songez donc que, si Cuevillas, ce coquin, ce partisan de don Carl...

— Venez! interrompit vivement Horacio, je veux interroger moi-même le *mayoral* et le *zagal*, et savoir ce que tout cela signifie. »

En saisissant le bras de son tremblant compagnon, il le poussa hors de la salle.

Tous deux traversèrent la petite cour du *parador* et se dirigèrent vers la porte de l'écurie, devant laquelle se tenait un groupe de personnages, dont deux, placés au centre et les gestes animés, paraissaient disputer avec acharnement.

Trois mules toutes bridées étaient près de la diligence, attendant philosophiquement qu'on vint les atteler.

Le *zagal*, en tenant deux autres par le

licou, était sur le seuil de la porte du petit bâtiment.

En face de lui, campé sur ses hanches et lui barrant complétement le passage, le *mayoral* ne faisait pas mine de vouloir bouger de place.

L'hôte, le *delantero*, deux ou trois valets, des cavaliers d'escorte et les fantassins de la *galère* faisaient cercle autour des deux champions.

La dispute menaçait de dégénérer en rixe.

« Je e dis que tu n'attelleras pas ces mules! criait le *mayoral*, vigoureux Asturien taillé en Hercule et dont le visage empourpré décelait la colère.

— Je te répète, Juanito, que tu n'es qu'un gros poltron et qu'il n'y a pas plus de *guerilleros* dans la montagne qu'il n'y a de bravoure dans toute ta personne! répondit le *zagal*, jeune Aragonais, bien découplé, dont la taille exiguë annonçait l'agilité et la souplesse, comme son œil intelligent dénotait sa supériorité morale sur son interlocuteur. Ainsi, laisse-moi atteler!

— Tu ne passeras pas!

— Tu es fou!

— Je n'ai pas envie de livrer ma peau et ma voiture à ce Cuevillas que Dieu confonde!

— Cuevillas ne pense pas à toi, grosse bête!

— Qu'en sais-tu?

— A quoi cela l'avancerait-il de prendre ta peau et ta voiture? Elle sont aussi laides et aussi usées l'une que l'autre, et il ne trouverait pas un maravédis des deux ensemble. »

Cette boutade, qui provoqua le rire des auditeurs, porta à son comble le courroux du *mayoral*.

« Va! s'écria-t-il, je sais bien que tu voudrais nous voir tous entre les mains des brigands! Tu ne risquerais rien, démon! Le fils de ton père n'est qu'un échappé des *présides*!

— Et le fils de ta mère un orphelin du bourreau ! riposta le *zagal*.

— Insolent ! » hurla le *mayoral* en portant, comme de raison, la main à son couteau.

Le *zagal* lâcha ses mules et se mit en défense.

Ce fut sur ces échanges d'agréables aménités que survinrent le colonel Ramero et le señor Alonso.

« Holà ! mes drôles ! fit le militaire en pénétrant dans le cercle qui s'ouvrit respectueusement devant lui. Bas les couteaux, s'il vous plaît !

— Colonel ! » s'écrièrent ensemble les deux adversaires voulant chacun plaider sa cause.

Mais don Horacio fit un geste pour leur imposer silence.

« L'un de vous, dit-il en fronçant ses épais sourcils, prétend que nous serons attaqués cette nuit dans les gorges de Somo-Sierra ?

— Oui, colonel, fit le *zagal* en s'avançant, c'est ce pâté d'Asturie qui le dit.

— Et pourquoi dites-vous cela, *mayoral?* demanda le colonel en interrogeant le conducteur.

— Mais, balbutia l'Asturien évidemment intimidé par le regard pénétrant de l'officier, je répète ce que j'ai entendu.

— Qu'avez-vous entendu?

— Des bruits qui couraient à Aranda et que chacun racontait à son voisin.

— Et c'est à cause de sots commérages que vous refusez de laisser atteler vos mules ?

— Dame !... colonel... par le temps qui court...

— Votre diligence n'a-t-elle pas une escorte ?

— Si, colonel !

— N'avez-vous donc pas confiance dans les soldats de la reine ?

— Si, colonel !

— Croyez-vous que trente hommes comme ceux-ci, commandés par moi en cas de danger, ne soient pas en état de résister à tous les factieux de la Sierra? »

Et don Horacio désignait du geste les soldats qui l'entouraient.

Le malheureux *mayoral* était sur des épines.

Il pâlissait, il rougissait, il verdissait à chacune des questions de son interlocuteur.

Enfin, ne trouvant sans doute rien de mieux à faire ou à dire, il s'écarta et saisit lui-même la bride d'une des mules que tenait le *zagal*.

« Je suis prêt à atteler, dit-il.

— C'est heureux! » répondit le colonel en lui tournant le dos.

Le *zagal* lança un regard de triomphe à son adversaire.

« Quand je disais que ce n'était qu'un poltron! » murmura-t-il.

Mais au moment où il passait devant le colonel, celui-ci lui fit signe de le suivre à l'écart.

L'Aragonais obéit avec un obséquieux empressement.

« Ecoute! lui dit Horacio Ramero. J'ai donné tort tout à l'heure au *mayoral*, parce que vrais ou faux, je ne veux pas que des bruits alarmants circulent dans le peuple et empêchent les honnêtes gens de faire leur devoir, mais on a vu souvent plus d'un coquin de ton espèce être d'accord avec des misérables révoltés et tendre un piége sous les pas de braves soldats. Nous allons partir, mais je te préviens que si, d'ici à Madrid, nous faisons une seule mauvaise rencontre, une balle dans la tête t'empêchera d'avoir à l'avenir de criminelles intentions. Tu m'entends?

— Parfaitement, colonel! » répondit le *zagal* qui avait écouté en silence ce petit discours sans en paraître le moins du monde intimidé.

Horacio le regarda attentivement, puis s'adressant au groupe de soldats qui stationnait toujours dans la cour :

« Rodolfo ! » dit-il avec un accent impératif.

Un grognement énergique, dont le timbre paraissait plutôt appartenir à un instrument de cuivre qu'à un larynx humain, répondit à l'appel du colonel, et un homme s'avança vivement.

C'était un des cavaliers de l'escorte.

Jamais expression plus rébarbative n'avait animé un visage plus épouvantable. Qu'on se représente une figure jaune comme une orange mûre, couturée par la petite vérole, balafrée par trois profondes cicatrices, un crâne pelé sans le moindre ornement capillaire, des sourcils mangés, des oreilles énormes, une bouche effrayante armée de dents aigues, un œil gris et perçant, un menton pointu comme celui d'une sorcière, des moustaches longues à se nouer derrière la tête et l'on aura à peine une idée de ce représentant de la laideur fantastique.

Rodolfo, immobile, attendait les ordres de son chef.

« Tu vois cet homme? » dit le colonel en désignant l'Aragonais.

Rodolfo fit un signe affirmatif.

« Tu ne le quitteras pas des yeux pendant la route, et à la première inquiétude que nous éprouverions, tu le tuerais comme un chien. As-tu compris? »

Rodolfo s'inclina de nouveau.

« Maintenant va à tes hommes, nous allons partir. »

Rodolfo tourna sur ses talons et s'éloigna.

Une particularité de cette singulière nature, c'est que Rodolfo ne parlait jamais.

Dans les grandes circonstances, un grognement semblable à celui qu'il avait poussé en réponse à l'appel de don Horacio s'échappait seul de ses lèvres. Ses camarades le prétendaient muet sans cependant pouvoir l'affirmer, car d'ordinaire tous les muets sont sourds et Rodolfo entendait parfaitement, si parfaitement même, que sa finesse d'ouie était devenue proverbiale.

Mais si l'on ne pouvait absolument affirmer qu'il fût muet, ce qui était certain, pour tout le monde, c'est qu'il ne faisait jamais usage de la parole.

Le colonel fit un signe au *zagal* qu'il pouvait aller atteler ses mules et rejoignit Alonso.

Celui-ci, plus soucieux et plus inquiet que jamais, renouvela, auprès de l'officier, ses vives instances pour l'engager à changer d'avis, mais Horacio fut inébranlable.

« Dussé-je passer par dessus toutes les bandes carlistes du royaume, dit-il, il faut que je sois demain matin à Madrid et j'y serai.

— Mais si nous rencontrons Cuevillas ? s'écria le pauvre voyageur.

— Eh bien ! nous nous battrons ! répondit tranquillement le colonel.

— Sainte Vierge ! vous en parlez bien à votre aise ! Mais je ne suis pas soldat, moi !

— Cela se voit. Au reste personne ne vous force à affronter le danger, si danger il y a.

— Comment ?

— Restez ici !

— A Castillejo ?

— Sans doute !

— Mais alors vous partirez sans moi?

— Très-certainement.

— Mais si je laisse partir la diligence, il faudra que j'attende ici qu'il en passe une autre.

— C'est votre affaire !

— Et je puis attendre plusieurs jours.

— Cela vous regarde !

— Qui sait si la prochaine voiture sera aussi bien escortée que celle-ci ?

— Que m'importe !

— Mais, colonel, mon estimable colonel!...

— Allez au diable! je n'aime pas les lâches ! »

Et don Horacio s'éloignant brusquement, laissa le malheureux Alonso seul et tremblant au milieu de la cour.

Le *zagal*, le *mayoral* et le *delantero* s'occupaient à équiper l'attelage, mais chacun des deux premiers procédait d'une façon assez étrange dans la manière dont il accomplissait son devoir, et surtout dans le choix qu'il faisait des mules.

Celles que le *mayoral* tirait de l'écurie étaient d'allures douces, obéissantes à la voix, et suivant leur conducteur avec une docilité remarquable.

Celles, au contraire, dirigées par le *zagal* étaient farouches et rétives.

Elles sortaient de l'écurie debout sur leurs pieds de derrière, et ce n'était qu'au moyen d'une grappe de postillons suspendus à leur licou qu'on parvenait à les réduire à l'état de quadrupède.

A peine attelées, et il fallait cinq ou six hommes pour en accrocher une seule à la voiture, elles se mettaient à ruer, à sauter, si bien qu'elles ne tardèrent pas à s'enchevêtrer les jambes dans les traits, et leur ardeur endiablée finit par se communiquer à leurs compagnes, d'humeur cependant plus pacifique.

Alors ce fut un vacarme abominable.

Zagal, mayoral, delantero hurlaient en faisant pleuvoir de tous côtés une grêle de coups de bâton.

La nuit, il était alors neuf heures du soir, ajoutait encore au désordre.

« *Demonio!* s'écria le *mayoral* en s'adressant à l'Aragonais, tu as fait exprès de choisir les bêtes les plus emportées et les plus méchantes.

— Eh! répondit le *zagal*, ce sont les meilleures coureuses! De quoi te plains-tu ? Tu traverseras plus vite la montagne. »

Comme cette observation était juste au fond, l'Asturien ne la releva pas. Enfin le calme se rétablit. La voiture prête, les cavaliers montés, les soldats entassés dans la *galère* de suite, on alla prévenir don Horacio Ramero et la senora sa femme, ainsi qu'Alfonso.

Tous trois sortirent du *parador* et reprirent leurs places dans la diligence.

Alfonso se jeta dans un coin en laissant exhaler de sa poitrine un soupir qui peignait bien le douloureux état de son esprit.

Inès, calme et absorbée dans sa rêverie, s'assit dans l'angle opposé.

Avant de monter, le colonel examina à la lueur d'une torche les batteries de ses pistolets et celle de sa carabine, s'assura que les armes étaient chargées et amorcées et les plaça sur une banquette vide.

Puis, faisant un signe à Rodolfo qui inclina la tête pour prouver qu'il comprenait cette silencieuse recommandation, il ordonna aux soldats d'être toujours sur leur garde, et sauta à son tour dans la diligence.

Un valet de l'auberge referma la portière.

« *Andar!* (marche!) cria le *mayoral* en faisant claquer son fouet.

— *Andar!* fit le *delantero* en piquant sa monture.

—*Andar!* répéta le *zagal* en courant d'un bout à l'autre de l'attelage, en agitant son bâton et en animant les bêtes du geste et de la voix. Hue, *Capitana!* continua-t-il d'une voix grêle. *Alerta, Bella! Generala! Cuidado negra!* » (suivant le nom de chacune de ses mules).

Et la voiture, enlevée par l'élan impétueux des bêtes fougueuses, s'élança sur le pavé de la rue avec un bruit de ferraille à faire prendre le mors aux dents aux mules dont la longue file, précédant le bizarre véhicule, semblait dans l'ombre de la nuit, un chien colossal trainant après sa queue une casserole attachée dans le but de provoquer sa rage.

CHAPITRE QUATRIEME.

IV

Les gorges de Somo-Sierra.

En sortant de Castillejo, la route de Madrid se dessine au centre d'une plaine aride et nue faisant partie de ce *désert* de la Castille-Vieille dont nous avons parlé plus haut.

Le premier village que l'on traverse est *Cerezo*, et de là on gagne la *venta de Juanilla*, située sur le versant nord de la chaîne de montagnes qui sépare la Castille-Vieille de la Castille-Nouvelle, et que l'on nomme la *Sierra de Guadarrama*.

C'est entre la *venta de Juanilla* et le petit village de *Somo-Sierra*, bâti presque au centre des montagnes, que se trouvent les fameuses gorges recélant alors, suivant le *mayoral*, la bande entière, ou pour mieux dire la *guerilla* de Cuevillas, le chef carliste, l'ami du curé Merino.

Le 29 novembre 1808, l'empereur Napoléon, commandant en personne une division de son armée d'Espagne, avait remporté dans ce lieu même une victoire éclatante, où les chevau-légers polonais de la garde se couvrirent de gloire en enlevant, à la suite de charges brillantes, les plateaux qui commandaient le passage.

Nous devons dire que le souvenir de cet événement de l'histoire contemporaine ne se présenta à la mémoire d'aucun des trois voyageurs.

Roulant avec une vélocité effrayante sur la route sablonneuse, ils atteignirent la *venta de Juanilla* sans échanger une parole.

La vue des montagnes qui se dressaient majestueusement en face de la diligence et les premières pentes que les mules gravissaient au galop, arrachèrent cependant un second soupir au pauvre Alonso.

Ce soupir fit sourire le colonel.

« Décidément, vous avez peur? dit-il d'une voix railleuse.

— Je l'avoue humblement, colonel, et, franchement, il y a de quoi, car réfléchissez que si on nous attaque et que nous succombions, l'honneur de votre compagnie, vous, un officier de l'armée de la Régente, nous vaudra très-certainement un coup de pistolet dans la cervelle, et cette perspective est peu attrayante.

— Oui, mais si on nous attaque, nous nous défendrons, et comme mes hommes sont tous braves et bien armés, nous battrons les carlistes, au lieu d'être battus par eux.

— Dieu le veuille, senor don Horacio.

— Dieu le voudra, senor Alonso.

— Ainsi soit-il! mais en attendant, si

vous voulez me permettre de parler avec franchise, je crois que vous eussiez agi plus sagement en laissant madame à Castillejo.

— Un bon mari n'abandonne jamais sa femme, senor Alonso! » répondit brusquement le colonel.

Et se tournant vers Inès, laquelle, toujours silencieuse, ne chassait pas les sombres pensées qui obscurcissaient son beau front :

« Avez-vous peur, ma chère? » lui demanda-t-il.

La jeune femme ne répondit pas.

L'obscurité profonde qui régnait dans la voiture empêchait le colonel de distinguer la figure de sa compagne.

« Dormez-vous donc? » reprit-il après un moment de silence.

Inès conserva son mutisme et son immobilité.

Evidemment elle n'avait pas compris

ou pas entendu les deux questions de son mari

Celui-ci, se rapprochant vivement, se pencha en avant et porta les mains vers la jolie voyageuse.

« Des pleurs! encore des pleurs! » murmura-t-il avec impatience et en secouant brutalement ses doigts, sur lesquels avaient roulé les larmes qui sillonnaient le visage de la pauvre enfant.

Changeant de place alors et venant

s'asseoir à côté d'Inès, en face de laquelle il se trouvait, il lui prit le bras et le serra avec force.

« Nous ne sommes pas seuls ! dit-il à voix basse, et par le temps actuel la femme d'un officier christino ne doit ni ne peut pleurer un carliste, quand bien même ce carliste serait son père, comme don Antonio Urdova était le vôtre. Je vous ai pourtant dit cela déjà ! N'est-il pas vrai?... Mais répondez donc ! continua-t-il après avoir attendu en vain une parole qui ne sortait pas de la bouche de la jeune femme. Répondez donc, madame! A quoi pensez-vous?

— A quoi je pense? répondit enfin Inès en se retournant lentement. Je pense qu'il y a cinq ans à cette époque, je parcourais cette même route que que nous suivons aujourd'hui. Je pense que j'avais auprès de moi un père que j'adorais, un frère qui faisait ma joie, et une mère, notre bonheur à tous. Eh bien! aujourd'hui, mon père est mort;

tué par vos amis ; mon frère, chassé de notre maison, est perdu à jamais pour moi ; ma pauvre mère est seule dans sa demeure désolée, et je ne puis pas aller pleurer dans ses bras. Voilà ce à quoi je pense, monsieur.

— Mais, dans vos pensées, vous oubliez votre mari, à ce que je vois?

— Non, puisque je me souviens qu'il m'empêche de voir ma mère.

— Ce n'est pas moi qui vous fais cette défense, Inès, c'est la guerre civile.

— Eh, monsieur! les femmes sont-elles donc soumises aux lois des opinions politiques, lorsqu'il s'agit de la douleur d'une veuve et de celle d'une orpheline?

— Oui, quand cette veuve et cette orpheline sont dans deux camps opposés. Si j'étais un simple citoyen, peut-être agirais-je autrement ; mais je suis soldat, je suis officier, je dois donner l'exemple de l'abnégation et du dévouement.

— Mais cet exemple, vous voulez que ce soit moi qui le donne! répondit amèrement la jeune femme.

— Ne discutons pas, madame, cela serait inutile. Ma résolution est prise, et, vous ne l'ignorez pas, elle est inébranlable. Je suis votre mari. Si vous m'aimez...

— Eh, monsieur! interrompit Inès, vous savez bien que je ne vous aime pas et que je ne vous aimerai jamais! »

Don Horacio se mordit les lèvres, et

son œil lança un éclair rapide ; mais, redevenant aussitôt maître de lui-même, il reprit avec le plus grand calme et sans la moindre altération dans la voix :

« Soit! mais si vous ne pouvez me donner amour, vous me devez obéissance, ne l'oubliez pas. »

Inès se redressa fièrement en entendant ces dures paroles, et son regard étincelant répondit mieux que n'auraient pu le faire ses lèvres.

La voiture, lancée sur une pente rapide, que, suivant la coutume, elle descendit au triple galop, avait franchi alors les premiers défilés de la montagne.

Pour aller plus vite, il aurait fallu des chevaux anglais, et cependant la route était accidentée, difficile, coupée çà et là, tantôt par des ornières profondes, tantôt par des quartiers de roches qui offraient aux pieds des mules leur surface unie et glissante.

Il fallait véritablement toute l'assurance et toute l'adresse des postillons et des conducteurs espagnols, qui sont bien les meilleurs cochers du monde en dépit de la réputation usurpée des automédons anglais et napolitains, pour maintenir un pareil attelage sur de semblables chemins, avec une vitesse aussi prodigieuse.

Mayoral, zagal et *delantero* luttaient d'adresse, d'énergie et d'animation.

Nous ne pouvons affirmer quel était le sentiment auquel obéissaient les deux derniers, mais quant au *mayoral*, nous croyons être en mesure de dire que la peur des mauvaises rencontres et le désir de les esquiver par une allure précipitée entraient pour beaucoup dans l'espèce de rage avec laquelle il criblait ses mules de coups de fouet.

Les cavaliers d'escorte accompagnaient la diligence avec une exactitude qui témoignait en faveur de leurs chevaux et de leur propre valeur d'habiles écuyers.

Rodolfo, galopant en tête, était toujours à trois pas en arrière du *zagal*, à quelques évolutions que se livrât celui-ci.

On eût dit le corps et l'ombre, si l'ombre n'avait pas été aussi colossale pour un corps aussi exigu.

L'Aragonais, au reste, ne paraissait éprouver aucune inquiétude à propos de cet acharnement du cavalier.

Soit conscience de son innocence, soit certitude, le moment venu, d'échapper au danger, il allait, venait, courait, harcelait ses bêtes avec une indifférence trop parfaite pour être joué.

La *galère*, cahotant les fantassins, suivait sans perdre de terrain.

La nuit, sans lune, était d'une obscurité complète.

Un vent du nord, soufflant avec énergie, amoncelait autour du sommet des montagnes de gros nuages noirs à l'aspect menaçant.

La rafale courait dans les gorges de la Sierra avec un bruit semblable à celui du tonnerre.

On approchait de *Somo-Sierra*.

La route s'élevait en faisant de nombreux zigzags et suivait une brèche faite dans la montagne par un torrent qui la côtoyait en contre-bas.

On ne saurait imaginer rien de plus sauvage et en même temps de plus grandiose que le paysage qui s'offrait alors aux yeux des voyageurs, assombri par la nuit qui l'entourait.

La gorge que l'on traversait était taillée dans d'immenses rochers dont les assises granitiques se superposaient majestueusement avec une irrégularité capricieuse.

Dans les interstices, des chênes séculaires, des liéges énormes se cramponnaient en élevant leurs cimes orgueilleuses.

Le vent venait de redoubler de fureur et son sifflement se mêlait aux mugissements sourds du torrent qui roulait ses ondes écumantes sur les roches aiguës.

Ce spectacle saisissant, s'offrant au milieu des ténèbres, pouvait bien, on en conviendra, agir sur des nerfs moins impressionnables encore que ceux du senor Alonso.

Le pauvre homme, dont la terreur augmentait d'instant en instant, s'attendait aux événements les plus épouvantables et il recommandait mentalement sa vie à son saint patron et son âme à la miséricorde divine.

CHAPITRE CINQUIÈME

V

Les gorges de Somo-Sierra (suite).

Depuis la conversation que nous avons rapportée, Inès et Horacio étaient demeurés chacun dans une silencieuse réserve.

Le colonel avait repris sa place, et de temps à autre il se penchait vers la portière, à travers laquelle il passait la tête, pour jeter sur la route un coup d'œil explorateur et s'assurer que les cavaliers étaient à leur poste et que les fantassins suivaient la diligence.

Inès, enveloppée dans sa mantille, enfoncée dans un angle obscur, avait repris son mutisme et ses rêveries douloureuses.

On entendait le bruit causé par les pas des mules et par les cris du *zagal* et du *mayoral*, dominant le mugissement des eaux et le sifflement de la rafale.

Tout à coup, au moment où l'attelage tournait un coude brusque accompli par la route et où la voiture rasait le parapet de bois qui la séparait du précipice, une lueur pâle apparut à quelque distance.

Cette lueur mourante était causée par un feu de paille qui s'éteignait, et que, sans doute, des muletiers de passage avaient allumé au milieu du chemin pour réchauffer un moment leurs membres engourdis.

Les mules endiablées, qu'avait choisies le *zagal* à l'écurie du *parador de Castillejo*, n'eurent pas plutôt atteint l'endroit où la paille carbonisée fumait abondamment, que le choc de leurs sabots fit jaillir des myriades d'étincelles semblables au bouquet d'un feu d'artifice.

La peur saisit les bêtes ombrageuses

et rétives et, s'arrêtant soudain, elles commencèrent un mouvement de recul dont le résultat fut d'acculer la diligence au parapet bordant le précipice.

Le moment était terrible et le péril imminent, car le bois craquait sous l'effort des roues et de la caisse.

Le *mayoral*, bondissant à terre, saisit la bride des mules porteuses, tandis que le *delantero* s'efforçait de faire avancer l'attelage.

Effectivement la voiture fit quelques

pas sur la route, mais alors le *zagal* qui, pendant ce temps, avait crié comme un beau biable, se mit à frapper les mules, et son bâton, par suite sans doute du trouble que causait à l'Aragonais le danger que courait la diligence, les atteignit à la tête.

Ces coups arrêtèrent l'élan donné.

Les bêtes furieuses, affolées, terrifiées, tirées et poussées en sens contraires, se jetèrent les unes sur les autres, se prirent dans les traits, s'enchevêtrèrent, ruèrent, sautèrent si bien que la file entière s'abattit, comme ces rangées de capucins de carte que s'amusent à renverser les enfants.

Tout cela se passa avec la rapidité de la foudre.

Le colonel, saisissant ses armes et ouvrant la portière, s'élança au moment où les mules tombaient les unes sur les autres.

« Rodolfo! au *zagal*! » cria-t-il d'une voix de tonnerre.

Mais l'*escopetero* et l'Aragonais avaient disparu.

« A terre ! hurla don Horacio en s'adressant aux soldats placés dans la *galère*. A vos armes, mes enfants ! Les cavaliers devant la diligence ! Attention ! »

Soldats et sous-officiers formèrent rapidement leurs rangs.

Inès et Alonso étaient demeurés dans la voiture.

La jeune femme attendant les événements avec une stoïcité étrange, Alonso se lamentant et à demi fou de crainte et d'anxiété.

Le mayoral s'efforçait de relever les mules aidé en cela par le delantero,

Quant au zagal et l'escopetero, il était impossible de savoir ce qu'ils étaient devenus.

Au moment où les mules étaient tombées, l'Aragonais, soit préméditation, soit crainte de se voir puni d'un accident involontaire, avait sauté par dessus l'attelage et s'était élancé vers une gorge voisine de la montagne.

Rodolfo, sans mot dire, avait de même franchi l'obstacle et le pistolet à la main avait suivi le zagal.

Tous deux alors avaient disparu au milieu des ténèbres.

Quelques secondes de silence suivirent le désordre inséparable de la confusion qu'avaient amenée nécessairement l'accident causé par les mules et les paroles du colonel.

Tous s'attendaient à être attaqués, mais se trouvant au fond d'une gorge percée en entonnoir, dominés de toutes parts par les rochers qui surplombaient sur le précipice, il était impossible de prévoir de quel côté viendrait l'attaque.

Le colonel, après avoir pris de rapides dispositions avec un sang-froid et une intelligence qui décelaient en lui un soldat brave et aguerri, le colonel donna l'ordre à deux de ses hommes de prêter leur aide au mayoral et au delantero.

L'alarme pouvait être fausse et dans tous les cas il était urgent de remettre sur pied les bêtes de trait.

Tout à coup et au moment où l'attelage se réorganisait d'une manière assez satisfaisante, un coup de feu retentit derrière une roche escarpée qui se dressait à dix pas à peine.

« Attention ! » répéta le colonel en

jetant un regard sur les soldats pour s'assurer que chacun d'eux était prêt.

« Rodolfo! » cria l'un des cavaliers en voyant accourir l'escopetero qui tenait à la main un pistolet fumant.

Mais don Horacio n'eut pas le temps de formuler une question.

A peine Rodolfo arrivait-il, haletant auprès de ses compagnons, qu'une détonation effrayante fit résonner les échos de la Sierra.

Dix soldats soldats tombèrent à la

fois gisant dans leur sang et un nuage de fumée couronna les plateaux qui dominaient la route.

« En avant! ordonna le colonel en comprenant que s'il demeurait une seconde de plus dans la même position, c'en était fait du reste de ses hommes. En avant! répéta-t-il d'une voix tonnante, et feu sur cette canaille! Tuez! tuez sans pitié ni miséricorde! »

Et, brandissant son épée, il bondit, en entraînant les soldats, vers un passage étroit et escarpé qui pouvait seul permettre d'escalader les rocs.

C'était par ce passage qu'avait disparu le zagal.

Mais à peine don Horacio se fut-il élevé de quelques toises sous une pluie de projectiles qui tombaient autour de lui, qu'une seconde bande d'assaillants accourant sur la route même, et venant du côté de Castillejo, attaqua les soldats par derrière.

Au même instant une troisième troupe d'ennemis surgit en avant.

On était littéralement bloqué de tous les côtés.

La situation des soldats de la Régente était désespérée : devant et derrière des ennemis supérieurs en nombre, à droite le parapet, à gauche des rocs à pic, sous leurs pieds le précipice sombre et béant, sur leurs têtes une triple rangée de carabines qui jetaient incessamment la mort dans leurs rangs.

Il faut dire à la gloire des soldats qu'en présence de cet effroyable danger, tous firent bonne contenance et aucun ne songea à demander quartier.

Calmes et résolus, ils rendaient coup pour coup autant que faire se pouvait, sans toutefois s'illusionner sur la fin de ce combat inégal.

Don Horacio combattait au premier rang.

En se voyant pris entre trois feux, il avait subitement changé de tactique et s'était résolu à faire une trouée dans la bande qui lui barrait le passage en avant.

En conséquence il s'était élancé vers la voiture, avait enlevé Inès dans ses bras et la confiant à Rodolfo :

« Tu me réponds d'elle sur ta tête, lui dit-il, préserve-la des balles et suis-moi ! nous passerons ensemble. »

Alors il avait repris sa place au feu, à la tête de ses hommes.

Don Horacio était brave comme un véritable descendant des preux pu moyen-âge, comme un digne compatriote du Cid.

Son œil lançait des éclairs incessants et son épée sanglante faisait un vide partout où elle frappait.

Rodolfo, dont la physionomie impassible ne trahissait aucun sentiment, combattait vigoureusement de la main droite tout en tenant enlacé de la main gauche le corps de la jeune femme.

Celle-ci contemplait d'un œil sec le carnage qui se faisait autour d'elle.

Il était évident qu'elle attendait la mort sans crainte et sans effroi.

Alonso, accroupi sous la diligence, s'efforçait de se mettre à l'abri des balles en se cachant derrière les mules.

Le mayoral s'était précipité à genoux et priait avec ferveur.

Une véritable avalanche de fumée, sillonnée par de rapides éclairs et déchirée par les balles, envahissait la gorge étroite et se condensait au-dessus du torrent.

Cependant le combat ne pouvait être ni long, ni douteux.

Les soldats décimés roulaient sur les cadavres de leurs camarades.

Bientôt Horacio, Rodolfo et deux autres combattans furent seuls debout.

Alors le feu des assaillants cessa subitement, la fumée se dissipa et on put distinguer, malgré l'obscurité, les troupes qui couronnaient les plateaux et bouchaient les deux issues de la route.

« Colonel Ramero! dit une voix sonore qui partit du haut d'un rocher voisin. Rendez-vous votre épée ?

— Qui me la demande ? répondit le hardi colonel.

— Moi !

— Qui êtes-vous ? Chef de bandits sans doute, puisque vous vous embusquez dans les montagnes pour surprendre d'honnêtes voyageurs.

— Je ne suis pas un bandit, fit la voix sans paraître émue de cette supposition injurieuse, je suis bon Espagnol et je suis officier. On me nomme Cuevillas.

— Eh bien ! répondit don Horacio, nous sommes cinq : une femme et quatre hommes, faites tirer sur nous, je ne rends pas mon épée. »

Cuevillas s'avançant, se dessina nettement dans l'ombre.

Un homme était près de lui et cet homme portait une longue carabine.

« Rendez-vous ! répéta impérativement le chef carliste.

— Jamais ! répondit Horacio en agitant son épée.

— Feu, Paquo ! mais ne le tue pas ! » s'écria Cuevillas.

L'homme qui l'accompagnait épaula rapidement sa carabine.

Inès poussa un cri terrible.

Elle voulut s'élancer auprès du colonel, mais retenue par Rodolfo, elle s'affaissa sur elle-même privée de sentiment.

L'éclair avait jailli et la balle venait de briser le poignet de don Horacio.

Son épée lui échappa... mais se baissant vivement, il la ramassa de la main gauche et bondit sur les carlistes qui lui faisaient face.

Deux de ceux-ci se jetèrent sur lui et le terrassèrent.

« Grâce ! nous nous rendons, estimable capitaine, » s'écria au même moment une voix plaintive.

Et Alonso, les mains jointes, se tratnant sur les genoux, montra sa tête effarée sous les roues de la diligence.

« Garrottez les prisonniers ! ordonna froidement le chef carliste, et dételez les mules qui peuvent encore servir. »

Les partisans se hâtèrent d'obéir.

Quatre des mules de tête avaient les jarrets coupés.

Il était donc facile de s'expliquer la chute entière de l'attelage.

Don Horacio, lié solidement, gisait à

terre. Inès, toujours évanouie, était près de lui.

Quant à Rodolfo, tout en se laissant attacher les mains derrière le dos, il lançait un regard satisfait sur un corps étendu à quelque distance, à l'entrée de l'étroit défilé dont nous avons parlé.

Ce corps inanimé était celui du zagal.

CHAPITRE SIXIÈME.

VI

Les Guerillas.

Chaque peuple a sa manière de combattre, chaque peuple a son genre d'intrépidité et de bravoure, chaque peuple enfin a sa façon particulière de s'armer, de s'équiper, de comprendre la guerre, et chacune de ces habitudes différentes provient moins encore du caractère propre à la nation elle-même que de la disposition du sol de la mère patrie.

En Espagne, par exemple, et surtout dans les provinces du nord, où l'on rencontre des réseaux continuels de montagnes et de collines, des véritables labyrinthes de vallées longues, étroites, sinueuses, des excavations profondes ouvrant tout à coup leurs gueules béantes, des rocs sauvages et gigantesques se dressant çà et là en barrières infranchissables, la guerre a dû prendre un cachet particulier en rapport avec celui du pays.

Des opérations régulières deviennent impossibles au milieu de ce dédale de bois, de forêts, de montagnes et de rivières.

La *Navarre*, le *Pays Basque*, la *Vieille-Castille*, les *Asturies*, l'*Aragon* ne présentent pas une seule route se continuant vingt lieues de suite sur un terrain plat et uni.

Souvent il y a plusieurs chemins qui conduisent d'une vallée à une autre, et quelquefois, en raison des obstacles naturels du terrain, les distances sont doublées par les détours.

Ces distances sont augmentées encore par d'innombrables défilés qui traversent les rochers et qui sont, en certains endroits, si étroits qu'en étendant les bras on touche le roc des deux côtés.

Entre ces rocs se trouve presque toujours aussi une ravine, profonde de plusieurs centaines de pieds, au fond de laquelle mugit un torrent.

D'un village, souvent divisé en hameaux, à un autre village, la distance est ordinairement de cinq à douze milles, mais entre eux on rencontre de formidables gorges et d'effroyables précipices.

Dans l'hiver, les marches qui ont été taillées dans le roc vif se remplissent de boues que les pluies y ont amoncelées, et forment, de vingt pas en vingt pas, des espèces de marais, qui gênent péniblement la marche.

Pendant l'été, on retrouve à ces mêmes places des trous ou des aspérités, en sorte qu'à chaque instant le fer des mulets ou celui des chevaux touche le roc à nu et y glisse.

« Des hommes qui ont à traverser

un tel terrain, particulièrement s'ils ont à porter le bagage des troupes régulières, sont bientôt harassés par la plus courte étape, tandis que les habitants du pays vont à travers les bois et les ravins, courant comme le chamois et le renard, pouvant toujours renverser leur ennemi sans avoir pour eux-mêmes la crainte du même sort.

« Puis, dans quelques autres endroits, la contrée est tellement couverte que l'étranger qui y pénètre n'a aucune idée, aucun indice de la proximité du danger, si danger il y a.

« Les assiégeants ne peuvent détacher des hommes pour aller à la découverte, parce que, à quelques centaines de pieds du corps principal, ils peuvent toujours être pris ou tués, quelque route qu'ils suivent.

« Le partisan, au contraire, a toujours le temps de prendre une autre direction et même de la quitter s'il est poursuivi : l'ennemi étant bientôt épuisé par cette chasse, sans pouvoir se reposer dans les localités où il est également incommode et périlleux de camper ou de cantonner. »

Comme on le voit, d'après les détails qui précèdent, ét que nous empruntons aux *Mémoires du capitaine Henningsen*, la conformation du sol espagnol prête merveilleusement à la guerre d'escarmouches et de surprises, à la petite guerre enfin, la *guerillera*, comme ils le disent.

C'est la guerre que les Espagnols ont faite aux Mores pendant huit siècles.

C'est la guerre qu'ils feront toujours lorsqu'on envahira leur territoire.

Si Napoléon, lors de la campagne de 1808, n'avait eu d'autres adversaires que les troupes conduites par Wellington et par les généraux espagnols, il les eût promptement balayées devant lui; mais à côté de ces armées, il s'était formé une infinité de bandes irrégulières, qui disséminées sur toutes les parties de la Péninsule, attaquant les convois, assassinaient les traînards et les soldats isolés, interceptaient toutes les correspondances et contraignaient les Français à éparpiller leurs forces pour être à la fois partout.

Plusieurs historiens ont attribué à La Romana l'invention de ce genre de guerre, mais en réalité, La Romana ne mérite pas cet honneur, car le 4 juin 1808, les insurgés de la Catalogne combattaient en partisans contre les Français dans le défilé de Bruch, lorsqu'il était encore au fond du Danemark.

Les Espagnols avaient nommé ces corps de partisans des *guerillas,* et ceux qui les composaient des *guerilleros.*

Les généraux français disaient, eux, que ces bandes irrégulières n'étaient qu'un ramassis de brigands et de factieux.

Les Espagnols les présentaient, au contraire, comme des troupes de héros et de chevaliers sans peur et sans reproche.

Il y avait exagération des deux côtés.

L'opinion de nos généraux n'est pas absolument juste, car on trouvait alors parmi ces hommes un grand nombre d'individus qui n'obéissaient qu'à l'amour de leur pays. Ils ne combattaient que pour son indépendance.

Cependant, il ne faut pas non plus, comme l'ont fait les auteurs espagnols, déifier en quelque sorte tous les guerilleros.

Leurs bandes se recrutaient dans toutes les classes de la société sans la moindre distinction, depuis la plus noble jusqu'à la plus vile.

On y trouvait des gentilshommes, des militaires, des bourgeois, des étudiants, des artisans et des laboureurs, mais on y trouvait aussi des mendiants, des contrebandiers, et des voleurs de grand chemin, qui mettaient au service de la patrie l'expérience et la vigueur acquises dans l'exercice de leur vie criminelle.

On y voyait des vagabonds sans feu ni lieu, des moines défroqués qui ne pouvant plus subsister d'aumônes arrachées à la charité publique, s'enrôlaient dans ces troupes pour vivre de pillage.

On comprend que des bandes ainsi composées, sans discipline, sans frein, presque toujours indépendantes des juntes de provinces, n'agissant que d'après leur propre impulsion et choisissant pour chef le plus brave et le plus intrépide, étaient disposées à se porter à tous les excès ; mais on comprendra aussi quel puissant concours elles devaient apporter à la défense du sol.

« Les guerillas, écrivait Wellington dans un de ses rapports, opèrent avec une grande activité sur tous les points de l'Espagne, et bon nombre de leurs dernières tentatives contre l'ennemi ont eu un plein succès. »

Pour rendre un entier hommage à la vérité, il aurait dû dire :

« Les guerillas ont préparé, assuré la

victoire, les troupes réglées l'ont recueillie. »

Rien de plus simple ni de plus rapide que la façon dont se formait une guerilla.

Un homme, quel qu'il fut d'ailleurs, ayant seulement une certaine renommée d'audace et d'énergie, entrait dans un village, ou se présentait dans la montagne : il faisait appel aux laboureurs ou aux bergers, parlait de l'Espagne menacée, demandait des combattants de bonne volonté, et tout aussitôt il se voyait suivi.

Il établissait une embuscade sur le passage de l'ennemi : vainqueur ou vaincu, il était certain de rallier de nouveaux partisans.

Deux ou trois actes de cruautés, accomplis sur les traînards ou sur les prisonniers, lui valaient une réputation qui s'étendait rapidement, et bientôt il avait une petite armée sous ses ordres.

Mina, Sanchez, Rovera, l'Empecinado, le curé Merino ne procédaient pas autrement.

Malheureusement pour leur patrie, les guerilleros ne prirent pas les armes seulement pour la défense du sol national.

Chaque époque de guerre civile vit revivre ces bandes dangereuses par leur ardeur et leur férocité.

En 1820, lors de la guerre des absolutistes et des constitutionnels, elles désolèrent le pays. Elles ne pouvaient pas manquer aux événements de 1833.

En effet, ainsi que nous l'avons vu, Merino et Cuevillas avaient tout d'abord appelé aux armes leurs anciens compagnons, et Zumala-Carregui, le nouveau général, comprenait trop bien l'utilité de ces compagnies franches pour ne pas en exciter la création autant que cela était en son pouvoir.

Lui même, durant les premiers mois,

ne fit pour ainsi dire qu'une guerre de partisans.

Au res'e, les facilités ne lui manquaient pas pour agir ainsi, car les carlistes avaient pour eux le dévoûment de presque toutes les populations des campagnes.

Partout ils trouvaient un abri et des secours, et partout les troupes royales ne rencontraient que des ennemis.

Les carlistes pouvaient transmettre des ordres et des instructions d'une manière beaucoup plus rapide que leurs adversaires.

Dans ces chemins étroits et sinueux, dont nous avons parlé plus haut, il est fort difficile d'expédier des courriers à cheval, tandis que les habitants, accoutumés aux difficultés du pays, traversent le terrain comme une flèche, sans qu'un mauvais pas les arrête.

De son côté cependant, l'armée de Zumala-Carregui eut tout d'abord à lutter contre des obstacles presque insurmontables.

En premier lieu le manque d'argent, en second celui des munitions.

Le général Harispe, commandant les troupes françaises établies en observation sur la frontière des Pyrénées, faisait si bonne garde, qu'il était presque impossible aux carlistes de se procurer des armes et de la poudre.

Zumala-Carregui ne pouvait le plus souvent distribuer à ses soldats qu'un nombre insuffisant de cartouches, et il était obligé, faute de munitions, de battre en retraite lorsqu'il tenait déjà la victoire, ou bien il était forcé de renoncer aux occasions les plus avantageuses.

Dans le commencement, ces soldats, moins bien armés et moins bien organisés que ceux de la reine, ne pouvaient pas tenir contre ceux-ci.

Mais le général en chef se gardait bien de livrer des batailles.

Il attaquait les détachements isolés

quand il avait l'avantage du nombre et de la position, autrement il se retirait et l'armée royale s'épuisait à le poursuivre sans pouvoir obtenir contre lui aucun avantage décisif.

A Madrid, on attribua ces mauvais succès à la mollesse de Saarsfield.

Le commandement lui fut retiré et donné à Valdès, qui ne fut pas plus heureux que son successeur.

Au reste, on ne laissa pas à celui-ci le temps d'agir utilement.

Don Vincente Jenaro Quesada, marquis de Moncayo, qui en 1823, avait fait la guerre en Navarre, connaissait parfaitement le pays

Presque tous les officiers dont l'armée carliste se composait avaient combattu sous ses ordres.

Aussi, s'exagérant l'ascendant qu'il exercerait sur leur esprit, il demanda et obtint le commandement de l'armée du Nord.

Avant de commencer les hostilités,

il voulut essayer de pacifier le pays par des négociations, et, en conséquence, il écrivit à Zumala-Carregui ; mais celui-ci fit répondre que tous ses officiers, aussi bien que lui, étaient disposés à vaincre ou à mourir en soutenant les droits sacrés et légitimes du roi Don Carlos V de Castille, et VIII de Navarre ; qu'il pouvait donc commencer immédiatement les opérations, et réclamer les secours de la France si bon lui semblait.

Cette réponse porte la date du 7 mars 1834.

Aussitôt que le vice-roi l'eut reçue, il se mit en devoir de réduire les rebelles.

La première affaire sérieuse eut lieu le 2 mai suivant.

Quesada, qui suivait la route de Vittoria à Pampelune pour conduire dans cette ville un convoi d'argent, de malades et d'effets d'équipement, fut attaqué par les carlistes auprès du village d'Alzazua, dans la vallée de la Borunda.

Il aurait pu continuer à s'avancer par le grand chemin; mais craignant d'exposer le convoi qu'il conduisait, il se jeta sur la gauche pour gagner la route de Segura, qui traverse d'abord un bois épais et qui serpente ensuite entre des montagnes et des précipices.

Les carlistes ne purent atteindre que l'arrière-garde qu'ils poursuivirent avec vivacité.

CHAPITRE SEPTIÈME.

VII

Les Guerillas (suite):

Après un combat acharné, où les pertes furent à peu près égales, les carlistes abandonnèrent le champ de bataille, emmenant prisonnier le capitaine don Léopoldo O'donnell, fils unique du comte del Abisbal, qui fut fusillé le lendemain avec cinq de ses camarades pris en même temps que lui.

La guerre, on le voit, se faisait déjà avec ce caractère de férocité qui, aux yeux des juges impartiaux, a déshonoré également les chefs des deux partis.

Nous manquons d'expressions pour peindre les horreurs commises durant cette période de massacres et d'assassinats.

Quelques scènes de carnage que puisse inventer l'imagination la plus terrible, elles resteraient encore bien au-dessous de l'atroce réalité.

Ainsi, de part et d'autre, on égorgeait froidement les blessés sur le champ de bataille, et, quant aux prisonniers, on n'en faisait que pour se donner le plaisir cruel de les passer immédiatement par les armes.

En proie, à l'intérieur, à de sanglantes dissensions qui menaçaient de promptement l'affaiblir, le royaume, secoué dans ses fondements jusqu'au sein même de la capitale, était dans une situation tellement critique, que l'intervention des puissances extérieures paraissait devenir d'absolue nécessité.

A chaque instant, le gouvernemen de la jeune reine pouvait craindre de voir don Carlos franchir les frontières, et quitter le Portugal pour entrer dans l'Estramadure.

Le gouvernement, essayant de faire tête à l'orage, avait d'abord maintenu, nous l'avons dit, Saarsfield dans son commandement de l'armée chargée de combattre les insurgés, et en même temps il lançait en Portugal le général Rodil avec ordre de s'emparer de la personne du prétendant.

Le 22 avril 1834, le traité de la quadruple alliance contractée entre l'Espagne, le Portugal, l'Angleterre et la France, eut pour résultat de contraindre don Miguel et don Carlos à abandonner la Péninsule.

Celui-ci s'embarqua sur le Donegal, entra le 12 juin à Portsmouth, se rendit aussitôt à Londres, y séjourna le temps nécessaire pour négocier un emprunt, s'embarqua le 2 juillet pour la France, traversa ce royaume et gagna les frontières de la Biscaye en compagnie d'un

Français nommé Auguet de Saint-Silvain.

Tous deux voyageaient avec des passe-ports pris sous de faux noms.

Sitôt que fut connue la présence du prétendant sur le territoire espagnol, les Cortès de Madrid votèrent une loi qui le déclarait désormais déchu de tous ses droits à la couronne.

« Don Carlos en Navarre n'est qu'un factieux de plus ! » dit Martinez de la Rosa.

Mais la présence de ce factieux doubla la force et l'audace de ses défenseurs.

Rodil, rappelé en toute hâte des frontières du Portugal, remplaça Quesada au commandement de l'armée du nord; mais quelques mois après un décret royal, en date du 22 septembre, divisa cette même armée en deux corps, dont le commandement du premier fut donné au lieutenant général don Francisco Espoz y Mina, et celui du second au maréchal de camp don Joaquim de Osma.

Celui-ci se trouva bientôt en présence de Zumula-Carregui, et le 28 octobre, ayant appris que, la veille, les carlistes avaient battu la colonne commandée par O'Doyle et bloqué quatre cents soldats royaux dans les maisons du bourg d'Arieta, il sortit de Vittoria à la tête de quatre mille hommes et quatre pièces de canon pour aller déloger les malheureux qui s'étaient fortifiés tant bien que mal dans des masures en ruine.

Cependant il ne réussit pas dans son projet.

Forcé de battre en retraite devant des forces supérieures, il fut poursuivi jusqu'aux portes de la ville par Zumala-Carregui, et y entra en abandonnant aux mains des ennemis plus de cinq cents prisonniers.

Les efforts de sa cavalerie et son artillerie, qui se comportèrent à merveille, empêchèrent que cet échec ne devînt une déroute complète.

En dépit des efforts de Mina, de son expérience, de sa connaissance du pays, les affaires du gouvernement ne s'améliorèrent pas.

On avait largement et prématurément compté sur le génie de ce général; car, en Espagne, il n'était pas dans le parti libéral de nom plus populaire que le sien.

On aimait à rappeler la lutte qu'il avait soutenue contre les troupes impériales. Sa campagne de Catalogne contre l'armée d'intervention n'était pas non plus sans gloire, et l'on crut avoir trouvé un général dont la fortune ne pâlirait pas devant l'étoile de Zumala-Carregui.

Mais ici les rôles étaient changés : Mina, à la tête d'une armée régulière, ayant contre lui presque toutes les populations de la Navarre, se trouvait placé, vis-à-vis de Zumala-Carregui, dans la même position où les troupes de Napoléon Ier s'étaient trouvées à son égard.

Aucune des difficultés qu'avaient rencontrées ses prédécesseurs ne s'aplanirent pour lui. Il avait à combattre un adversaire jeune, actif, qui, fils du pays et chasseur intrépide, connaissait jusqu'au moindre buisson de la Bornuda et de l'Araquil.

De plus la santé de Mina était déjà délabrée.

Lorsqu'il fut nommé général de l'armée de Navarre, il était encore réfugié en France, dans le petit village de Cambo, à trois lieues de Bayonne, et il passait la plus grande partie du temps dans son lit, où il était retenu par la maladie.

Il était forcé de se faire suivre dans ses marches par deux ânesses dont le lait lui était nécessaire, et il avait fait construire une espèce de capuchon en forme de capote de cabriolet qui, lorsqu'il montait sur sa mule, couvrait toute sa personne, ne lui laissant de vue que par une petite ouverture placée devant lui.

On comprend que les souffrances physiques avaient pu lui enlever beaucoup de cette activité à laquelle jadis il avait dû ses triomphes ; aussi, le répétons-nous, ses succès contre l'armée carliste furent-ils à peu près négatifs.

Malade, épuisé, fatigué, Mina se décida, le 8 avril 1835, à envoyer sa démission, et le ministère ayant été changé précédemment à la suite d'une émeute qui avait eu lieu à Madrid dans le courant de janvier, le ministre de la guerre

Valdès fut chargé du commandement de l'armée du Nord.

Au reste, ce double changement n'eut aucune influence sur le sort de la guerre.

Les affaires continuèrent à aller en empirant, et Zumala-Carregui, maître de la campagne, résolut, contre son gré cependant, d'assiéger Bilbao.

C'est le soir même du jour où l'armée carliste s'était mise en route, se dirigeant vers la capitale de la Biscaye, après avoir soutenu un combat acharné contre les troupes royales à quelques lieues de Vittoria, que nous reprenons notre récit.

C'était ce même soir qu'avait eu lieu, dans les gorges du Somo-Sierra, l'attaque dont don Horacio, Inès et leurs compagnons avaient été victimes.

Une fois pour toutes, que le lecteur veuille bien nous pardonner nos digressions historiques, mais ces digressions sont nécessaires à la clarté de notre récit. Ce n'est pas un roman que nous écrivons, c'est un épisode historique que nous rapportons, et pour qu'aucune ombre ne fût jetée sur quelques points de notre récit, il était nécessaire que nous consacrions un chapitre à l'histoire.

Ceci dit, revenons à Zumala-Carregui et à l'étudiant Fernando, qui, depuis la fatale nuit du 14 octobre 1833, n'avait pas quitté le général, et, poussé par le désir de venger la mort de son père, avait pris une part active à la guerre contre les troupes royales.

CHAPITRE HUITIÈME.

VIII

Les prisonniers.

La dernière victoire que venait de remporter Zumala-Carregui n'avait été arrachée qu'après une lutte sanglante et des efforts énergiques tentés des deux parts pour se l'approprier.

La nuit venue (on avait combattu jusqu'au soir), le général en chef, sentant le besoin de repos que devaient avoir ses troupes après deux jours de combat, et peu désireux de les faire camper sous les canons de Vittoria, ordonna de porter les prisonniers sur les derrières de l'armée, et faisant former deux divisions, il se retira pour gagner les montagnes et prendre la route de Bilbao, en évitant cependant de suivre les chemins tracés.

Zumala-Carregui marchait en tête de ses soldats, ayant à ses côtés quelques officiers composant son état-major, et parmi lesquels se trouvait Fernando.

Celui-ci, monté sur un petit cheval du pays, marchait à quelques pas du général.

Depuis vingt mois un changement complet s'était opéré dans toute la personne de l'étudiant.

Son front plissé, toujours sombre et chargé de nuages, offrait l'image d'une pensée incessante qui devait dominer l'esprit.

Ses grands yeux, aux paupières rougies, avaient ce regard froid et incisif particulier à l'homme qui ne sent plus au cœur que haine et désir de vengeance.

Sa barbe inculte, qui lui couvrait la moitié de la figure, donnait encore davantage à la physionomie cette apparence de tristesse et de sauvagerie qui avait succédé à l'expression insouciante et joyeuse dont elle était revêtue jadis.

Son costume délabré dénotait le peu de soin qu'il prenait de lui-même, et ses pistolets, noircis par l'usage, son sabre à la poignée rougie, indiquaient la part qui lui revenait dans les massacres du jour et dans ceux de la veille.

Derrière Fernando, et suivant à pied le pas régulier du cheval basque, s'avançait notre ancienne connaissance, l'illustre Mochuelo, le soldat-mendiant de la fonda del Coscon, Mochuelo plus déguenillé encore que lorsque nous l'avons vu à Pampelune, attisant avec adresse le premier feu de la révolte.

Sa carabine sur l'épaule, son énorme épée lui battant sur les talons, demi-nu sous haillons, mais l'œil animé et la figure épanouie, il sifflotait en marchant un bolero à la mesure rapide.

L'avant-garde de l'armée carliste venait de gagner les défilés d'Arrayabe, lorsqu'un cavalier, accourant en longeant la colonne, vint s'arrêter à la hauteur du général en chef.

« Qu'y a-t-il donc, Mateo? demanda Zumala-Carregui en retenant sa monture.

— Mon général, répondit le cavalier, je viens prendre de nouveaux ordres relativement aux prisonniers.

— Comment? N'ai-je pas dit de les renvoyer sur les derrières de l'armée.

— Si fait, général. Ils y sont.

— Eh bien ?

— Mais nous n'avons pas assez de monde pour les garder. Ils sont cinq cents et le bataillon du commandant Reyna, chargé de les escorter, ne se monte qu'à cent vingt hommes. Deux des prisonniers sont déjà parvenus à s'échapper et le commandant m'a envoyé vous dire, général, qu'il ne pouvait répondre du reste.

— Prenez des cordes et attachez-les !

répondit Zumala-Caregui avec impatience.

— Nous n'avons pas de liens, général, on en a cherché partout, mais les villages sont abandonnés et nous ne savons où nous procurer assez de cordes pour garotter les Christinos.

— Eh bien! si vous ne pouvez les garder ni les attacher, tuez-les! » s'écria Zumala avec colère.

L'officier reçut sans le moindre étonnement cet ordre barbare.

Il salua, rassembla son cheval et partit au galop.

La colonne se mit en marche.

« Fernando! dit tout à coup Zumala-Carregui, en se retournant brusquement vers l'étudiant, va voir par toi-même comment Reyna exécute mes ordres et s'il n'y a rien à tirer des prisonniers avant de les passer par les armes. Si l'un d'eux peut nous donner quelques renseignements utiles, tu lui promettras sa grâce et on la lui accordera provisoirement jusqu'à ce qu'on se soit assuré de l'exactitude de ses révélations. Quant aux autres : la confession générale! Tu m'entends?

— Très-bien, » répondit l'ex-étudiant en quittant le groupe qui suivait le chef et en se disposant à se diriger vers l'extrémité de la colonne.

Ce que Zumala-Carregui nommait la confession générale, était une manière particulière appliquée par l'armée carliste d'envoyer ses prisonniers dans l'autre monde sans leur fermer les portes du paradis.

On faisait ranger les malheureux sur une seule ligne entre deux files de soldats.

On leur donnait ensuite l'ordre de s'agenouiller et les crosses des fusils, mises en contact avec le dos et les reins, activaient la soumission de ceux que l'on trouvait trop lents à obéir.

Alors s'avançait trois hommes : un prêtre le crucifix en main, un officier tenant une paire de pistolets armés et amorcés et un soldat portant deux autres paires d'armes semblables.

Le prêtre se plaçait sur le front de la ligne en commençant par la droite : l'oficier et le soldat passaient derrière le prisonnier.

Puis tous trois se mettaient en marche.

Le prêtre bénissait le premier patient, l'officier lui brûlait tranquillement la cervelle, le soldat prenait l'arme déchargée et la remplaçait par une autre prête à faire feu, et ainsi de suite jusqu'à l'extrémité de la ligne.

Alors on creusait un vaste trou et on y enfouissait les cadavres.

A défaut de fosse ou de temps pour la faire, on avait recours aux précipices qui ne manquaient jamais.

On voit que rien n'était plus simple.

Telle était l'aberration causée par les passions politiques, telle était la haine que se portaient réciproquement les deux partis, telle était enfin la férocité qui caractérisait cette guerre désastreuse, que pas un officier ne refusait le triste honneur d'accomplir l'office du bourreau et que Zumala-Carregui lui-même, en dépit de ses hautes qualités et de la noblesse primitive de ses sentiments, donna plusieurs fois l'exemple en massacrant de sa main les prisonniers qui lui avaient rendu leurs armes.

Au reste, les Christinos ne restaient pas en arrière de cruautés vis-à-vis de leurs ennemis, et nous aurons à en citer de sanglantes preuves.

Fernando s'était donc détaché du groupe formé par l'état-major du général et avait lancé son cheval sur le sentier étroit que suivait l'armée carliste.

Mochuelo, quoiqu'à pied, n'avait pas quitté le jeune homme.

Saisissant de la main droite les crins de la queue du cheval basque et ouvrant le compas de ses longues jambes, il se prit à courir à la suite de la monture de l'étudiant avec cette vélocité incroyable qui n'appartient qu'aux Espagnols du nord en général et aux montagnards varrais en particulier.

Rien n'était plus comique à contempler que le spectacle de ce petit cheval galopant, un homme à califouchon sur son dos et un autre semblant voler au bout de sa queue flottante, car la rapidité de l'allure était si grande que Mochuelo paraissait être suspendu dans l'air, les jambes écartées.

Cependant cette façon singulière employée par les fantassins pour suivre les cavaliers était tellement usitée que sa vulgarité en détruisait le côté grotesque, et que les soldats de Zumala-Carregui regardaient sans sourire passer comme des ombres fantastiques, Fernando, Mochuelo, et le petit cheval basque.

L'étudiant atteignit bientôt le bataillon escortant les prisonniers.

Ce bataillon se trouvait alors près d'une fontaine autour de laquelle s'assemblaient, durant le jour, les jeunes filles et les jeunes gens du pays.

Mais dans ce lieu charmant, servant de théâtre aux danses, se passait alors un drame épouvantable.

Les ordres de Zumala avaient été transmis, et le commandant Reyna, vieux partisan de l'école de Mina, était en train de prendre les dispositions nécessaires pour les exécuter sans plus tarder.

Les christinos, placés en face des soldats carlistes qui, la carabine chargée, étaient prêts à faire feu au premier signal, attendaient stoïquement la mort à laquelle il savaient bien ne pouvoir échapper.

Désirant aller vite en besogne, Reyna avait simplifié l'opération.

Un prêtre allait donner l'absolution en masse, et un peloton, placé à distance convenable, se disposait à fusiller les prisonniers.

Fernando arriva au moment où ceux-ci tombaient à genoux pour recevoir la bénédiction de l'ecclésiastique.

« Si l'un de vous veut racheter sa vie, il le peut ! » dit l'envoyé du général en s'avançant entre les soldats et les prisonniers.

Ceux-ci levèrent un regard anxieusement interrogateur vers le jeune homme, qui leur apparut comme un ange tutélaire.

« Qui connaît les secrets des Christinos et veut les révéler? » continua de nouveau Fernando.

Les prisonniers baissèrent la tête et ne répondirent pas.

Et cependant, disons-le à leur louange, beaucoup d'entre eux pouvaient faire des communications importantes ; mais l'amour de leur parti leur faisait préférer la mort à la trahison.

Fernando parcourut des yeux la ligne silencieuse, et, après quelques secondes d'attente, il se retira en faisant un geste.

« Feu ! commanda Reyna.

— *Requiem dabo vobis !* » dit le prêtre d'une voix tonnante.

FIN DU DEUXIÈME VOLUME.

Argenteuil. — Imprimerie de Worms et Cie.

Avis aux personnes qui veulent monter un Cabinet de Lecture.

BIBLIOTHÈQUE
DES
MEILLEURS ROMANS MODERNES
2,100 vol. environ, format in-8°. — Prix : **2,500 fr.**

Cette collection contient les NOUVEAUTÉS de nos auteurs les plus en vogue publiées jusqu'à ce jour par la maison, lesquelles sont accompagnées d'affiches à gravure et autres.

Les Libraires qui feront cette acquisition recevront **GRATIS** *cent exemplaires du Catalogue* complet et détaillé *avec une couverture imprimée à leur nom* pour être distribués à leurs abonnés.

La Maison traite de gré à gré pour un nombre moins considérable de volumes à des conditions très-avantageuses.

Le prix de chaque ouvrage, pris séparément, est de *cinq francs* net le volume.

Grandes facilités de payement moyennant les renseignements d'usage. Le Catalogue se distribue gratis aux personnes qui en feront la demande par lettres affranchies.

Paris. — Imp. P.-A. BOURDIER et Cⁱᵉ, rue Mazarine, 30.

www.ingramcontent.com/pod-product-compliance
Lightning Source LLC
Chambersburg PA
CBHW060652170426
43199CB00012B/1759